JN216665

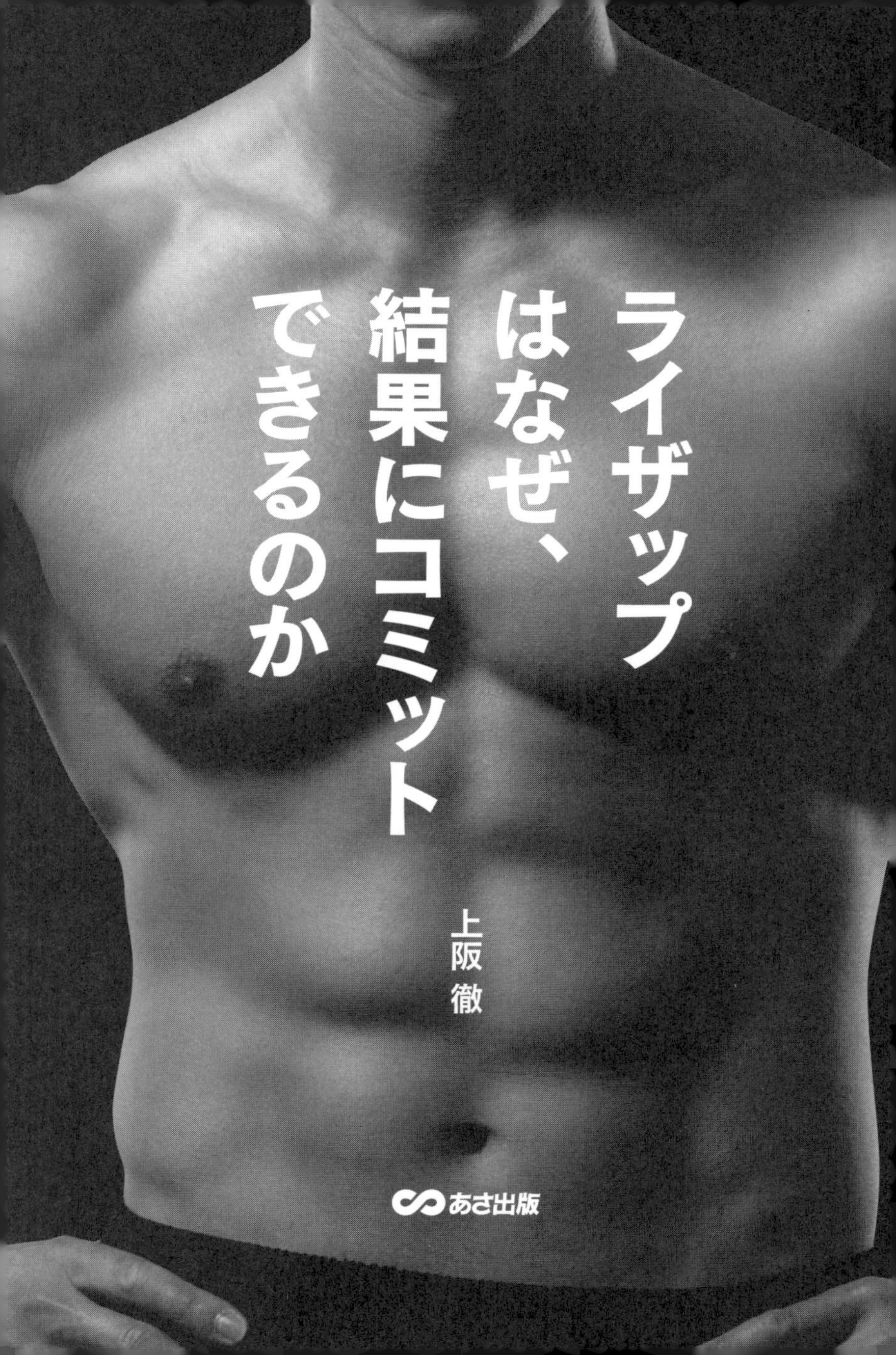

ライザップはなぜ、結果にコミットできるのか

上阪徹

あさ出版

はじめに

～ライザップとは、いったい何者なのか？

本書を書くにあたり、私は2カ月間、ライザップを自ら体験することになった。周囲にライザップに通っていると話すと、決まってこんなセリフが飛んできた。

「食事制限で食べられなくて、相当にキツイらしいね」
「トレーニング、めちゃめちゃ厳しいんでしょ」
「糖質制限って、身体に悪いんだろ」
「痩せられても、すぐにリバウンドしちゃうらしいじゃない」
「あんなに急に痩せて、危ないんじゃないの」

興味深かったのは、「誰からその話を聞いたのか？」と尋ねてみると、一様に口をつぐんでしまったことである。じつは確たる裏づけが必ずしもあるわけではなく、そんなイメージを持ってしまっていたようなのだ。

とはいえ、じつのところ私が逆の立場なら、同じような質問を繰り出していたかもしれないと思う。そのくらい、私自身もライザップについてよく知らなかった。

強烈な印象は、やはりあのテレビCMだろう。

CGかと見まごうような痩せる前と痩せたあとの「ビフォー／アフター」のコントラストには、誰もが驚かされる。

本当にあんなに痩せられるのか。あんなに変われるのか。何か秘密があるんじゃないか。無理をさせられるんじゃないか。

……そんなふうに勘ぐってしまうのも、仕方のないことかもしれない。

だが今回、私は2カ月でライザップの驚くべき効果を、自らも実体験することになったのである。

とくに太っているわけではない中年男の私が、わずか2カ月で体重が7・2kgも減ったのだ。体重が60kgを切ったのは、20代以来ではないかと思う。

ウエストは11・8cmも絞れてしまった。体脂肪率は25％から17・7％になった。

何よりびっくりしたのは、これだけ体重が減っているのに、体組成計で測ると筋肉量はほとんど変わらなかったことである。脂肪量が大きく落ちたのだ。

だから、健康的に痩せられた。こんなに体重が落ちたのに、げっそりした痩せ方にはならなかったのである。

私に起こった変化は、これだけではなかった。

体調がよくなり、肌の艶が出て、身体の姿勢が明らかに変わった。身体が動くようになり、歩くのが苦にならなくなった。

食生活も大きく変わった。身体に本当に必要な栄養を理解でき、食事に意識的になれるようになった。何も考えずにただ空腹を満たしていた、かつての食生活に戻ることはもう二度とないだろう。

まさに身体革命、意識革命が起きた2カ月だったのだ。

しかも、体験したライザップのプログラムについて、冒頭で書いたような感想は私にはない。

日々、空腹に耐えられないような状況はなかった。むしろ思いの外、食べていた。トレーニングでヘバってしまったこともなかった。さわやかに汗をかけた。

何より、痩せるメカニズムと本当に何を食べればいいのかが理解できた。これは、この先のリバウンド対策に大いに力を発揮すると感じた。

ライザップとは何か。

イメージからはうかがいしれないライザップの本当の姿を、本書ではお届けしたい。

ライザップは、端的にいえば、パーソナルプライベートダイエットジムである。担当トレーナーが一人ひとりにつき、完全個室での筋力トレーニングや日々メールを使っての食事指導などを行うことで、ダイエットやボディメイクを成功させる。


2012年2月に、札幌アンビシャス上場の健康コーポレーション株式会社の傘下企業であるRIZAP株式会社の事業としてスタートした。

親会社の「健康コーポレーション株式会社」（2003年創業）は、資本金14億75万円、売上高554億円、従業員数で1315名を誇る上場企業である（2016年3月31日現在）。ライザップは、この親会社の成長をさらに牽引する注目事業となっていく。

そして、2016年7月1日からは純粋持株会社「RIZAPグループ株式会社」に商号を変更。健康コーポレーションやライザップが、その傘下におさまる組織構成となった。


ライザップが急成長していたことは、私も知っていた。そんなとき、成城石井やローソン、ドトールコーヒーなど、気になるさまざまな会社について取材をして本にする仕事をしていた私に、「ライザップについて書いてみないか」という依頼が編集者からやってきたのである。私は大いに興味を持った。ライザップからも取材協力の快い返事をいただいた。

そして取材をスタートさせ、私は驚いてしまうことになる。ダイエットプログラムのみならず会社においても、事前にイメージしていた像とは、大きく異なるその姿が見えてきたからだ。

ライザップでは、なぜあんなに痩せられるのか。ライザップは何を目指そうとしているのか。ライザップの本当の姿とは……。

これから本書で、詳しくご紹介していこう。

ライザップはなぜ、結果にコミットできるのか ● 目次

CHAPTER 1

人はなぜ、ライザップで確実に痩せられるのか

CHAPTER 2

2カ月で7kg減を実現！私の「ライザップ」体験記

CHAPTER 3

世の中になかった「新業態」は、なぜ生まれたか

CHAPTER 4

ライザップの強みは、「トレーナー」にこそあり

CHAPTER 5

ライザップの「あの広告」は、いかにしてできたか

CHAPTER 6

これからのライザップは、ダイエットの先にある「健康」へのコミット

本文デザイン／梅里珠美（北路社）

CHAPTER 1

人はなぜ、ライザップで確実に痩せられるのか

スタートから4年で、会員が累計5万人を突破！

ダイエットに成功した「ゲスト」（ライザップでは、通っている「顧客」のことをこう呼ぶ）の喜びの声が、ライザップには続々と寄せられている。ほんの一部だが、紹介してみよう。

「年を経て、だんだんお腹まわりに余計な脂肪がついてしまいました。締まった身体になりたいとは思っていましたが、あきらめていて。それが2カ月で手に入ったのですから満足しています。

お金も時間も一時の投資で、一生の財産である健康な身体が手に入りました。子どもを連れて、海に行きたい」（35歳男性・マイナス8kg）

「30代半ばから、度重なるお酒や夜食のせいで太りはじめました。期待以上の結果が得られて、自分の直感を信じてライザップにして本当によかったと思います。職場のみんなも『痩せたね～』とほめてくれるし、変わっていく私を見て『励みになる』といってくれる人もいました」（50歳女性・マイナス11kg）

「これまでダイエットに何度も失敗しているだけに、そんな私でも成功できてすごく自信につながりました。人前で話したり、新しいことに挑戦したい気持ちも生まれてきました。

痩せてもバストのカップサイズが変わらず、身体に筋肉がついて引き締まり、メリハリのある健康的なスタイルになりました」（32歳女性・マイナス7kg）

「年を経て、お腹まわりが明らかに20代の頃とは違うようになりました。食事のあともお腹が出て気になったり、気に入ったスーツが合わなかったり、体型のせいで嫌な思いをすることが増えていました。

いまは見た目がよくなったこと、自分が理想とする姿に近づけたことがうれしいです。自信が持てない自分でいるのは嫌ですから」（43歳男性・マイナス6kg）

「鏡も見たくなくて、自分のことを好きとは思えなくなっていました。ライザップでは、最初の1週間でぐっと痩せて、『顔がちっちゃくなったね』と人にいわれるようになりました。もううれしくて。

『長い人生のうちいまだけなんだから、我慢しよう！　そのあとはバラ色の人生が待っている』と自分に言い聞かせました。いまは洋服を買うことも『こんなに楽しかったっけ』と自分でもびっくりしています」（32歳女性・マイナス10kg）

「年を重ねたせいか、思い切ってダイエットしても思うような結果が出にくくなっていました。いまは、自分がすごく変わったということに一番驚いています。何事も前向きに考えられる自分がいます。この成果をきっかけに、新しいことにまた挑戦しようと思えるようになりました」（39歳女性・マイナス14・3kg）

ライザップに、ゲストが続々と押し寄せている。

2015年12月末時点でのライザップの累計国内会員数は、前年の同じ時期に比べて2倍以上になっているという。店舗によっては、1カ月待ち、2カ月待ちのところもあるらしい。

現在、店舗数の拡大や採用・研修の強化を行い、少しでも早くゲストにトレーニングを開始してもらえるようにしているという。

事業の統括責任者であるライザップ取締役の迎《むかえ》綱《こう》治《じ》氏が語る。

「2012年2月の事業スタートから、おかげさまで順調にゲストの身体を変え続けています。現在、累計で5万人を突破しました」

店舗数も、初年度10店舗ではじまったが、現在は全国主要都市78店舗に（2016年7月現在）。そしていまも出店ラッシュは続いている。迎氏は続ける。

「開業から5年で日本中の人がライザップを知っているような状態にすることが目標でしたが、少し早めに達成できたという手応えを持っています」

ライザップが提供するのは、「ボディメイク」のメソッド

ゲストの男女比は4対6、年齢層は30代から40代が中心だというが、実際には幅広い層の人たちがライザップに来ている。

ダイエットを目的に通いはじめるゲストたちが大部分を占めるが、一方で、「ダイエットをする必要があるのか」と思えるような細身の女性もゲストで通っている。実際、女性では20代も多いという。この理由を、迎氏はこう分析する。

「痩せるために、というよりも、メリハリのある美しいボディになりたいという目的の方もいらっしゃいます」

ライザップが手がけているのは、じつはゲストに痩せてもらうことだけではない。本人が求める健康的で魅力的なボディに生まれ変わらせることが、ライザップの「事業」なのだ。

細身の女性であれば、トレーニングによって筋肉をつけることで、その姿を変えていくという。だからライザップでは、自分たちの仕事を「ボディメイク」と呼んでいる。文字通り、ゲストの「ボディをつくっていく」という意味だ。

実際、ダイエットを目的に通うゲストの中には、10kg、20kgを減らそうとする人に加え、必ずしも太っているというわけではないが、「お腹のまわりについた余計な贅肉を落としたい」「若い頃の体型に戻したい」という人も多い印象を、私自身、ゲストとして通っていて感じた。

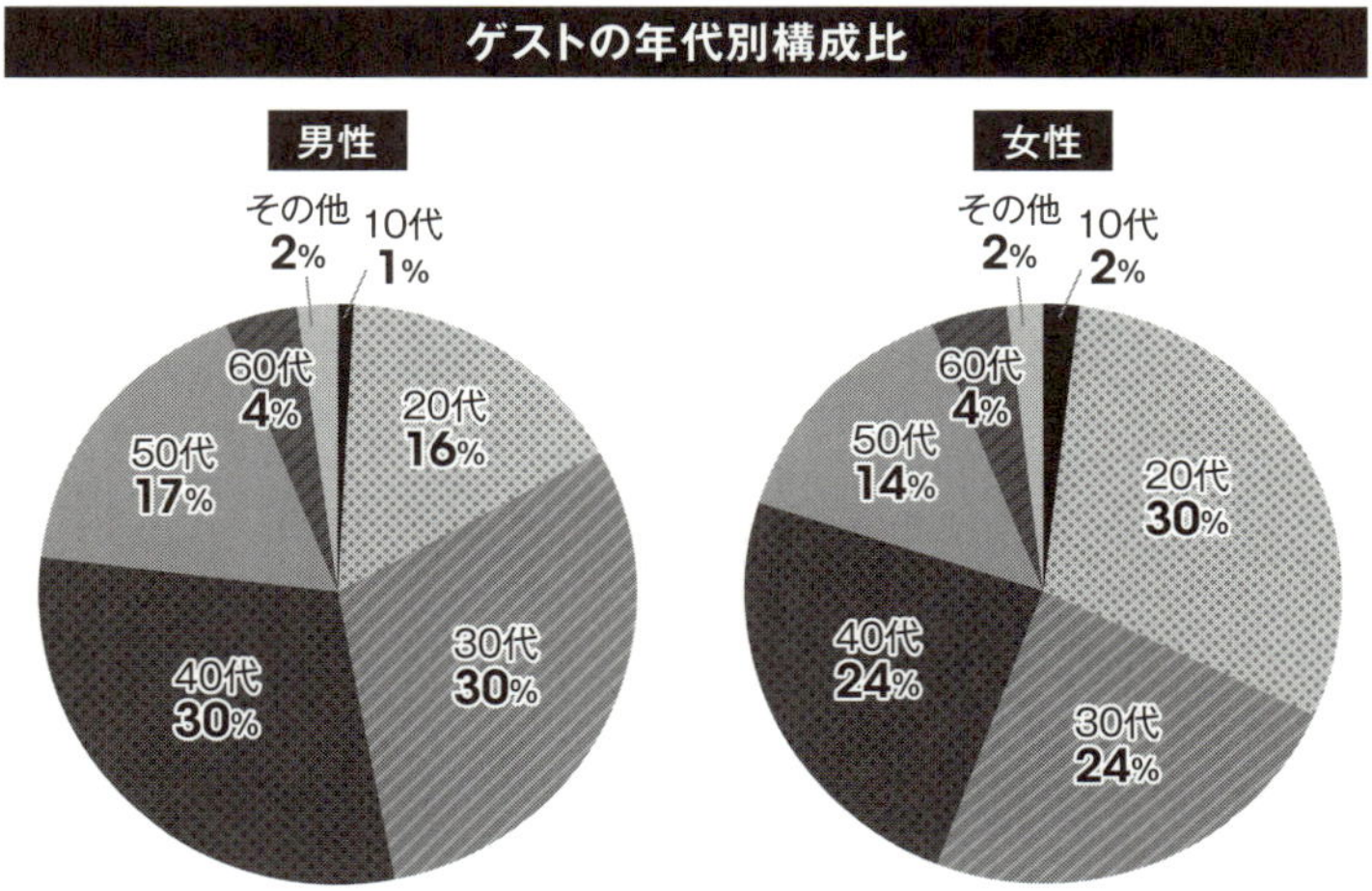

もうひとつ、意外だったのは、60代以上のシニアも、男女ともゲストの4％以上だったこと（上図参照）。

「弊社としては、どちらかというと『美的なビジュアル』の部分を訴求のメインにしてきましたが、最近は、『メタボリックシンドローム（メタボ）対策を含めて、健康になるため、あるいは運動不足解消のためにライザップを使う』という方々が増えてきている印象があります。実際、ゲストの中には、生活習慣病に悩まされているという方も多い。

また、シニアの層のゲストからは、『長い人生を見越して、足腰の筋肉をいまのうちにしっかり鍛えておきたい』という声もたくさんいただきます」

ライザップは、外見の「ボディメイク」をしていきたいというニーズだけでなく、内側から健康な身体をつくっていきたいというニーズをも引き付けているのである。

プログラム終了後も、約7割が「継続」

こうしたライザップ人気を支えているのが、テレビCMでもお馴染み、いまやそのフレーズがライザップの代名詞のひとつにもなっている「結果にコミット」だろう。目指すべき目標を、確実にクリアさせるという宣言だ。

そして、もしそのプロセスについて満足できない、ということであれば、1カ月目までに申し出れば、支払った金額の全額が返金されるという「無条件全額返金保証」も大きなインパクトを持って受け止められた。そこまで自信がある、ということである。

だが、「結果にコミット」をうたっているがゆえかもしれない。ライザップについては、「厳しい」というイメージもつきまとう。

「無茶なことをさせられるのではないか」「とんでもなく苦しいことが待っているの

ではないか」「そのときは『結果にコミット』になっても、すぐに元に戻ってしまうのではないか」……。

だが私は、取材でびっくりする話を聞くことになった。

ライザップでは、定めたプランの期間、たとえば2カ月なら2カ月を終えたあと、継続のプログラムや、月に一度、二度などの安価な延長プログラムが用意されているのだが、ゲストのじつに7割ほどが、こうしたサービス延長を申し込むというのだ。

しかも、新しいゲストの約3割は、紹介や口コミによるものだという。

もし、あらかじめの2カ月なりの期間がひどい状況だったとするなら、どうして延長したり、人を紹介しようなどと考えるだろうか。ライザップに満足していたからこそ、そうするのだと思うのだ。

しかも、「結果にコミット」しているのだから、本人はすでに目標には到達しているのである。なのに、どうして延長するのか。

それは、もっと上の新たな目標ができるからだという（通っていた私自身、その気持ちがよくわかる）。

ライザップで成功できた自信から、さらに新しい挑戦に踏み出したくなる。それだけの自信を手に入れられるメソッドが、ライザップにはある、ということなのだ。

プログラムは各界のスペシャリストたちが監修

これは私自身、実体験することになるわけだが、ライザップの痩せるメソッドのポイントは、大きく次の3つある。

- **「筋力トレーニング（筋トレ）」**
- **「低糖質食事法」**
- **「トレーナーによるマンツーマンのメンタルフォロー」**

ライザップでは、短期間で確実に痩せることができるプログラムとして、この3つを軸にした独自のメソッドを、事業を開始する前の早い段階でつくり上げていた。迎氏はいう。

「きっとこうなのではないか、という仮説を少しずつ立てながら、オリジナルのプログラムを練っていきました。

その後、体育科学博士、管理栄養士、元モデル、医師、心理カウンセラーなどのスペシャリストの方々に、『こんなプログラムをやろうと思っているのですが、そのプログラムの構築に携ってもらえないでしょうか』という形で監修していただき、サポートやアドバイスをしてもらいながら、プログラムをつくり上げていったのです」

ライザップの店舗でもらうことができるパンフレットには、それらの監修者の顔写真と名前がずらりと掲載されている。

科学的根拠や栄養学などスペシャリストの知見を加えながら、ライザップはオリジナルプログラムを練り上げていったのだ。

もともと仮説からはじまったメソッドだが、やはり大きな可能性が潜んでいたということは間違いない。

それが明らかになったのが、事業をスタートさせる前、社内で10人の社員がモニターとしてプログラムを実体験したときだった。迎氏はいう。

「部長クラスから新入社員まで、自ら手を挙げた者も、われわれがお願いした者もいましたが、このモニターの成功が大きかった」

監修者の知見も加えたオリジナルプログラムを実践した10人の社員たちは、2カ月後には5kg、10kg、15kgなど、本人もびっくりするほど痩せたのである。

「これには正直、われわれも本当に驚きました。これほどまで痩せられるのか、と。モニターの変わりようを見て、事業の可能性を確信したんです」

10人のモニターの変わりようは、「ビフォー／アフター」写真として、ライザップのはじめての会員募集の広告としても使われることになる。

「この写真は合成じゃないかといわれたりしました。そのくらいモニターの社員は痩せることができたんです」

そして、このプログラムは、2012年2月、「ライザップ」という事業としていよいよ世の中に広く提供されることになった。しかし、プログラムはその時点で「完成」となったわけではない。

「事業をスタートさせたあとも、何かあれば専門家の先生のもとに出向き、『こんなことがあるんですが、こういう場合はどうしましょう』といった具合に相談を重ねていきました。そのようにして、年を経るごとにバージョンアップしてきています」

このように、プログラムを進化させながら、ライザップはいまに至っている。

人はなぜ太るのか？

今回、本書を書くにあたって、私は周囲にさまざまな情報収集を試みていたのだが、「ダイエット」や「痩せること」について興味を持っている人はじつに多いということを改めて知った。

見た目には「太っている」とはまるで見えない人も、じつはこっそり「太りはじめている……」と気にしていたりしていた。見た目だけでなく健康面でも「中年太りが心配だ」という人もいた。

そうやってヒアリングをしていくとき、私が必ず尋ねていた質問がある。

「そもそも、なぜ人は太るのか、知っていますか？」

ところが、驚くべきことに、この質問にほとんどの人がうまく答えることができなかった。太ってしまったり、太ることを気にしていたりするのに、「なぜ太るのか?」については、理解していない人が多いのだ。

だが、じつは私自身もそうだった。

「身体に入ってくるものと、出ていくものの間に差があるからではないか」。これは、なんとなく想像できる。食べ過ぎてしまったら、あるいは運動をしなかったら、脂肪が溜まっていってしまう、というロジックだ。

しかし、ではいったい「何」の差が身体を太らせるのか。「何」を摂り過ぎているから、われわれは太ってしまうのだろうか。

ライザップのプログラムの監修者のひとりで、栄養学の専門家、管理栄養士の大柳《おおやなぎ》珠美《たまみ》氏が語る。

「結論からいえば、『糖質』を摂り過ぎているから太ってしまうのです。人体は、糖質(血糖)と脂肪(体脂肪)をエネルギー源にしますが、これには優先順位があります。まず血糖です。それを使い切ったのち、体脂肪をエネルギーとして使います。使い切れないあまった血糖は、体脂肪となって蓄えられます」

つまり、太るポイントは、「糖質」にあるというのだ。

糖質を摂ると血糖値が上がり、インスリンという物質が分泌される。このインスリンが、あまった糖質を脂肪に変えてしまうという。インスリンは「肥満ホルモン」とも呼ばれている。

低糖質食事法では、太ってしまう一番の原因であるこの糖質の摂取を減らす。そうすると、体内の糖質が枯渇していくため、今度はエネルギー源として体脂肪を燃焼させはじめるのだ。外からエネルギーをつくる材料が入ってこないなら、体内に蓄積したものからエネルギーをつくりだそうとなるわけだ。その結果、体脂肪が減っていく。

実際、私はライザップで、食事から糖質をオフにする「低糖質食事法」を3日実践しただけで、いきなり2kg以上も体重が落ちた。体内の糖質が枯渇して、脂肪が燃えたのだ。これには本当に驚いてしまった。

問題は、この糖質がどんな食べ物に含まれているのか、である。

「糖質」という字面だけ見ると甘いスイーツやお菓子に入っているように見えるのだが、そればかりではない。ご飯やパン、麺類、果物など、普段ごく普通に食べてきたものにこそ、糖質がたくさん含まれていたのだ。
これらを知らず知らずのうちに大量に摂取していると、太ってしまうのである。

大人と同じ量を食べても、子どもが太らない理由

ただ、そのメカニズムがわかっても、腑に落ちないことがある。子どものときは、いまと同じようにご飯やパン、お菓子など、糖質たっぷりのものを食べても、それほど太らなかった。これはどういうことなのか。大柳氏はいう。

「ひとつの要因としては、子どもは骨や脳など心身ともに成長期にいることです。成長期、とくに就寝中に分泌が活発になるのが『成長ホルモン』です。成長ホルモンによって身長も伸びるわけですが、この成長ホルモンには体脂肪を分解して太りにくくするという働きがあります。加えて、成長期の子どもにとっては、成長のためのエネルギーも必要です」

一方、成長が一通り済んだ大人には、エネルギーはそれほど必要なくなるのである。

それだけではない。たとえば、成人の身体の筋肉は何もしなければ誰でも衰えていく。「呼吸、体温調整、筋肉や内臓、脳を働かせるなど、人間の生命を維持するために最低限必要なエネルギーのことを『基礎代謝』といいます。この基礎代謝は、筋肉、内臓、脳で消費される割合が高いのが特徴です。しかし、加齢とともに放っておくと衰えていくのが筋肉です。内臓の働きや脳機能も、加齢とともに衰えていきます」

基礎代謝が落ちているのに、若い頃と同じ食事をしていたら、摂り入れたエネルギーはあまってしまう。そのあまった分が体脂肪として蓄積されていく。つまり、筋肉を鍛えるか、運動してエネルギーを消費するか、食事を変えない限りは必然的に太ってしまう。

何もしなかったとしたら、個人差はあるにしても、20代後半からは筋肉が衰えて中年太りが起きてしまうのだ。これぞまさに、「中年太り」のメカニズムである。

一方で、中年になっても体型をキープしている人もいる。これはどういうことなのか。「運動を積極的にし、エネルギーをたくさん使っているか、食事に気をつけているか、でしょうね。ただし、これは、『健康だったら』です。

もし、両方していないで、食べているのに太らないとしたら、消化管に問題がある可能性があります。栄養の消化吸収ができていない、ということです」

自分は食べても太らない、などと笑っている場合ではないらしい。そのままにしておくと、さまざまなリスクに見舞われる可能性があるのだ。

「栄養がうまく吸収できないとしたら、栄養不足でやがていろいろなところに影響が出かねません。脳の認知機能が落ちやすくなる。骨折しやすくなる。血管が切れやすくなって脳出血のリスクが高まる。栄養不足による、さまざまな疾患の危険があるということです」

「肥満」は、将来の人生の「質」を落とす要因に

では、そもそも太ることには、どんな問題があるのか。

「メタボ」という言葉が大きく話題になり、「肥満はいけないもの」という認識は持っていたが、じつはこれについても、私は詳しく知らなかった。

メタボとは、肥満が原因になって全身の代謝が乱れた状態のことをいう。動脈硬化

の危険度が上がり、心臓病や脳卒中の誘因となるとされる。日本の成人男性の2人に1人、成人女性の6人に1人はメタボが強く疑われるか、その予備群といわれている。

私自身は肥満とまではいかないが、明らかにその予備群ではあったと思う。

何よりビール大好き、ご飯や麺類、脂っこいものを腹一杯食べるのが好きだった。そして30代以降、じわじわ太っていった。しかし、正直なところ、「おいしいものを我慢するくらいなら、死んだほうがましだ」くらいに思っていたのだ。

だが、すんなり死なせてもらえるならいいが、必ずしもそうはいかないらしい。

もし、私がかつてのような糖質だらけの食事をずっと続けていったら、果たしてどうなってしまったか。大柳氏はいう。

「毎食、ごはんや麺類、ビールなど糖質に偏った食事をしていると、一般的には毎食後、摂取した糖質量に比例して血糖値が上がり、インスリンが分泌されてしまいます。

この食後高血糖とインスリン分泌の弊害については、イギリスの栄養学の教科書に、『糖尿病、冠状動脈疾患、ガン、老化等、多くの点で健康に有害であることが強く指摘されている』と明記されています。

また、『農業の発明以来、ヒトは穀物をベースとした食物を摂取するようになったが』、『ヒトの消化管機能はまだ穀物ベースの食事に適応しきれていない』とも明記されています。

人類数百万年という進化の尺度から見ると、人類が穀物など農耕をはじめたのは数万年前ですから、ましてや現代社会のように、精製、加工された糖質なら、なおさら適応できないことは優に想像できますね」

さらに、肥満をきっかけに病気を患ってしまうと、ただ病気療養する、というだけにとどまらなくなる。大柳氏は続ける。

「肥満が健康に有害であることは、メタボリックシンドロームの概念で明らかになりました。内臓脂肪そのものからさまざまな悪玉物質が分泌され、その結果、高血糖にさらに拍車をかける。さらに、高血圧、コレステロールの酸化などを引き起こします。それらの病態が重なることで、動脈硬化の発症リスクも高めてしまうことがわかっています。健康には、肥満の解消が重要といわれるゆえんです」

血糖値を下げられなくなる病気である糖尿病は、合併症で失明や足の切断に至る場合もある。悪化して透析をしなければならなくなったり、脳出血や脳梗塞で半身不随になったりすれば、仕事もできなくなる。このままでは危ないと気づいて健康管理ができたかどうかが、残りの人生を大きく分けていくのだ。

実際、糖尿病になったという人は周囲で珍しいものではない。自覚症状が出にくく、静かに進行して突然、発症がわかったりするだけに恐ろしさがある。こういうリスクにおぼろげに気づいている人も少なくないだろう。「見た目を美しくしたい」という動機も合わせて、ダイエットに取り組んでいる人は少なくない。

従来のダイエットでは、むしろ太る？

一方、これまで一般的に行われてきたダイエットとは、カロリーや食べる量を制限する、というタイプのもの。私もダイエットといえば、そういうものだと思っていた。ところが、これには問題があるケースが少なくなかった、と大柳氏はいう。

「カロリー制限の問題点は、カロリーという量しか見ていない点です。人体は、カロリーで動かすことはできても、脳や骨、血液、臓器、ホルモンなど、心や身体を形づくり、機能させるためには、カロリーではなく栄養が不可欠です。

栄養とは、それがないと生命が維持できない必須アミノ酸、つまりタンパク質、そして必須脂肪酸、つまり脂質です。たとえば、カロリーが高いからと油ののった魚を控えるとしたら、魚の油に含まれるEPAやDHAなど、脳機能に不可欠な必須脂肪酸をどう確保するのでしょう。脳の構成成分は約50%が脂質で占められ、残りの約40%がタンパク質なのです。

そのほか、骨も血管も血液も、心の状態を保つ神経伝達物質も、人体はすべて、タンパク質がないとつくることができません。そしてタンパク質を多く含む食品は、糖質が少なく、脂質、ビタミン、ミネラルを合わせて含むという特徴があります。

カロリーが低いからと、たとえば夏場にそうめんばかりを食べていると、栄養が糖質に偏り、結果、体脂肪はそれほど減らないだけでなく、栄養不足でフラフラとなりかねません」

テレビCMや雑誌の広告等を見ると、ライザップで痩せた人に共通しているのは、「健康的だ」ということだ。

その理由は、食事の量を減らすだけのアプローチをしていないからである。人間の体に必要な栄養素をしっかり摂っているのだ。

逆に、カロリーや食べる量を減らすダイエットは、栄養不足の状態となり、げっそりとした印象の痩せ方になってしまうことが多い。

そして何より重要なことは、量を減らすだけのダイエットでは、たしかに体脂肪も落ちるが、筋肉も同時に落ちてしまうということだ。これも不健康に見える原因になるわけだが、さらに筋肉が落ちてしまうことで、「太りやすい身体」になり、リバウンドが起きやすくなるのだ。

理由は、筋肉が落ちてしまうことで、基礎代謝が落ちてしまうから。つまり、身体のエネルギー消費が落ちてしまい、ダイエット後にそれまでと同じエネルギーを身体に入れれば、それまで以上に太ってしまうことになるのだ。

量を減らすダイエットのあとに起こりがちな急激なリバウンドは、これが原因のひとつなのである。大柳氏はいう。

「筋肉は基礎代謝に比例しますから、筋肉をつけるほうが基礎代謝が上がり、エネルギー消費が増えて痩せやすくなりますし、太りにくくなります」

この筋肉に関する考え方こそ、ライザップの「筋トレ」の発想につながっている。

痩せやすい身体になるための「筋トレ」

ライザップの痩せるメソッドのポイントとして「筋力トレーニング（筋トレ）」「低糖質食事法」「トレーナーによるマンツーマンのメンタルフォロー」の3つを挙げたが、まずは「筋トレ」について解説しておきたい。

ライザップでは、入会すると週に2回を目安とした筋トレの時間が設けられる。1回が50分。個室で専属のトレーナーとのマンツーマンでのトレーニングを行う。

詳しくは第2章で体験談として書くが、ここではゲストそれぞれが目指す「スタイルの目標」や体力に合わせて、最善のプログラムが作成される。科学的根拠に基づき、正しい筋肉の使い方や正しいフォームが徹底的に指導される。

そもそも、ダイエットをするのに、なぜ「筋トレ」をするのか。

これは、ライザップならではのユニークなところだ。

ライザップ初のトレーナーで、初期のプログラムづくりにも深く関与した統括トレーナー／教育ユニット長の幕田純氏《まくたじゅん》が語る。

「従来のカロリーや量を減らすダイエットに欠けていたのは、『筋肉を守る』ということだったんです。筋肉を落としてしまうと、基礎代謝は確実に落ちてしまう。それでは、痩せにくく、太りやすい身体になってしまいます。

ライザップが目指すのは、ダイエットをしながらも、基礎代謝はなるべく落とさないこと。そのために『筋トレ』があるんです」

先に、出ていくエネルギーよりも、入ってくるエネルギーのほうが多い場合に太ってしまうと書いたが、トレーニングそのものによって、エネルギーがより消費されやすい状況がつくられる。筋トレをすることで、身体の脂肪燃焼は加速していくわけだ。

だが、それだけではない。筋トレは筋肉そのものの量を徐々に増やしていくため、「痩せやすい身体」をもつくっていけるのだ。

「筋肉量がしっかりあれば、糖質をそれなりに食べても、極端に脂肪がつくことはなくなっていきますから」

そしてもうひとつ、筋トレを行う理由がある。それは、ゲストが「理想の身体」を手に入れるためだ。

どんな身体づくりを目指すかは、人それぞれ異なる。キレのある筋肉質な身体がいいという男性もいる。やわらかさを残したシャープなボディラインがほしいという女性もいる。

この際、重要になってくるのが、「筋肉をどうつけていくか」なのだ。

「ダイエットで筋肉を落としてしまうと、メリハリのある身体にはならないことが多いんですね。ライザップのプログラムを通じてできあがった身体のデザインにメリハリが出るようにするためにも、筋トレは欠かせないんです」

文字通り、「ボディメイク」であり、これが、ライザップの「健康的な痩せ方」を可能にしているのである。

糖質カットの食事は、本当に危なくないのか

ライザップの痩せるメソッドのポイント2つ目は、「低糖質食事法」だ。

先に触れたダイエットのポイント「糖質」と向き合い、さらには筋肉づくりを進めていくために、日常の食事を大きく変える指導が行われる。

低糖質食事法とは、端的にいえば、糖質の多い食材をすべてオフにすること。糖質の多い食材の典型が、いわゆる主食だ。ご飯、パン、麺などの穀物を原料とする食材。これらは、じつは糖質の塊なのである。

たとえば、ご飯一膳（150g）には、角砂糖におきかえると約11個もの糖質が含まれているという。食パン1枚（60g）にも、角砂糖約6個分もの糖質が含まれている。

これらの糖質の高い主食をダイエット期間中、一斉にゼロにするのである。主食以外でも、糖質が多く含まれる食材も控える。野菜でもイモ類やカボチャ、ニンジンやゴボウなどの根菜は糖質が多い。さらに、果物、はるさめ、小麦粉を使った点心の皮など、意外なところにも糖質の多い食材がある。これらは、すべてNGだ。

なぜ糖質をカットするのかといえば、それは先述した通り、糖質を一時的にカットすることが、体脂肪、すなわち身体の贅肉の燃焼に大きな効果をもたらすからだ。

糖質、脂質はエネルギーになる大切な栄養素だが、エネルギーになるのは、糖質（血糖）→脂質（体脂肪）の順番である。したがって、糖質を体外から摂っている限りは、身体はそれを優先的にエネルギーとして使ってしまうため、体脂肪を燃やすところまではなかなかいかない。

そこで、痩せる期間の間だけ、糖質というエネルギーを身体に入れることを徹底的に減らし、体内の糖質を枯渇させる。そうすることで、体脂肪を燃やせるようになり、痩せることにつながっていくのである。

しかし、糖質は、脂質、タンパク質と並んで三大栄養素といわれている。これをカットしても大丈夫なのかと危惧する人もいるだろう。

管理栄養士の大柳氏はいう。

「カットするとはいってもゼロにするわけではありません。野菜や大豆からも糖質は摂取できます。それに人体はもともと、必要な糖質を食事に頼らず自ら体内でつくって、血糖値をつねに一定に保つ機能を持っています」

それを司っているのが、肝臓だ。肝臓は、「糖新生」という機能で糖を合成する能力を持っているという。

「そもそも400万年とも700万年ともいわれる人類の歴史の中で、人類が農耕を開始したのは2~3万年前といわれています。つまり、進化の大半を、狩猟採集時代に得られた食物、つまり栄養によって、人類は妊娠、出産、授乳しながら生きてきました。狩猟採集時代の食物は、肉や内臓、魚や貝類、海藻や山菜、種実類など、タンパク質や脂質、ビタミン、ミネラルが豊富で、糖質が少ないものばかりです。

それがなくては生命維持できないのに、人体が自らつくり出すことができず、食物として摂取しなければならない栄養素のことを『必須栄養素』といいますが、それは必須アミノ酸であり、必須脂肪酸です。必須糖質はありません。なぜなら、人体は、血糖を上げるほど毎食、糖質を摂取しない環境で進化してきたからです。そして、糖質は肝臓で自らつくり出す能力を持っています。糖質制限によって高血糖はリアルタイムに改善できますが、低血糖になることはありません。

ライザップでは、単に糖質をオフするだけでなく、オンする栄養素のバランスや質など、栄養学を総合的に解釈し、組み立てています。ただ痩せるだけでなく、生活の質も向上できる低糖質の食事を考えています」

ライザップでは、低糖質食事法のプログラム構築にあたって、大柳氏という栄養学の専門家に監修を得ている。栄養学に基づいた、プロが監修した食事プログラムがつくられているのだ。

また、食事法の実施を指導する現場のトレーナーも、徹底的な研修を経ている。そうしたトレーナーたちによって、ゲストは安全に痩せられる食事法をアドバイスされる。決して無理な低糖質ダイエットをさせられることはないのだ。

そして、この低糖質食事法と筋トレを組み合わせたプログラムによって、驚くほどのダイエットに成功している人が続出しているのが、ライザップなのである。

主食に偏った食事は、栄養不足を招く？

低糖質食事法のリスクを考える前に、そもそも多くの人のいまの食事にこそ、注意しなければいけないと大柳氏はいう。

「朝は食パンやおにぎり、昼はそばやラーメン、パスタなど麺類、夜になってようやく、肉や魚のおかずを食べるという方も少なくないのではないでしょうか。そして間食には、加糖の飲み物やヨーグルトのほか、クッキーやケーキなどのお菓子。

このような食事からは、たとえば、脳の構成成分であるタンパク質も脂質も、ほとんど得られません」

ご飯やパン、麺類などの主食には糖質がたっぷり入っている。だが、糖質はほとんどエネルギーにしかならない。主食に偏った食事の問題点は、糖質過多になってしまうばかりでなく、肝心の栄養素が摂れなくなるのだ。タンパク質や脂質の不足につながるのである。

エネルギーも重要だが、栄養素も重要だ。痩せるために必要な筋肉も、活性化するにはタンパク質が必要になる。

「そもそも、栄養を食物から摂取してても、それを消化し、吸収できてはじめて体内で栄養素として使えます。しかし、その消化のために必要な唾液、消化液、消化酵素、胃腸の粘膜などは、すべてタンパク質がないとつくれません。

さらに、粘膜をつくるためには、亜鉛やビタミンAが欠かせません。亜鉛もビタミンAも、肉や魚介など、動物性のタンパク質系食品に豊富に含まれています。

また、栄養を酸素とともに全身に運ぶ血液も、鉄、ビタミンB12、葉酸がなくてはつくることができません。これらの栄養素も、肉や魚介、大豆製品、葉物野菜に豊富です。糖質ではないのです」

ライザップの低糖質食事法では、意外なほどに食べる。

低糖質食事法と聞くと、「ご飯もパンも食べられず、野菜ばかりで、お腹ペコペコ」というイメージを持っている人も少なくないようだが、そんなことは決してない。糖質をオフするかわりに、肉や魚、卵、大豆など、タンパク質が多く含まれるおかずや、海草類、キノコ類などの食物繊維を中心とした食事にするのだ。サラダだけの食事なんてことをしていると、むしろトレーナーから叱られてしまう。大柳氏はいう。

「糖質、つまり主食をカットすれば、必然的におかずを食べることになります。これが、ライザップの低糖質食事法です。お肉、お魚、卵、大豆製品。これらにこそ、栄養が含まれているからです。

そしてもうひとつ大切なのが、腸内細菌叢《そう》を整えてくれる食物繊維です。野菜、海藻、キノコ、こんにゃく、おからなど繊維質が多いもの。これらは腸の中で、『痩せ菌』と呼ばれているような有用な菌を増やしてくれます」

実際には私は、ライザップに通っている間、朝から焼き魚やゆで卵をしっかり食べ、お昼は大きなステーキを平らげることも珍しいことではなかった。夜を除けば、それまで以上に、もりもりと食べていた。もちろん、サラダや食物繊維も一緒に。

そもそも、たくさん食べることや、カロリーが高そうな食事をしてはいけないと思い込んでいることこそ、従来型の量を減らすダイエットの「呪縛」だと大柳氏はいう。「食べることへの罪悪感というのは、無意識のうちに身につけてしまった『カロリー

ライザップが推奨している食材の例

食材	OK （○）	控えめに（△）	NG（×）
肉 卵 魚介類	鶏肉・胸（皮なし）、牛肉・肩ロース（赤肉）、豚肉・肩ロース、鶏卵、サンマ、アジ、シバエビ、シラス・ジャコ、アサリ	ロースハム、ウィンナーソーセージ、かまぼこ、からし明太子、ウナギ	はんぺん、つくだ煮、さつま揚げ
野菜	モヤシ、ホウレン草、アボガド、キュウリ、ダイコン、キャベツ	トマト、ニンジン、ゴボウ、レンコン、カボチャ	ジャガイモ、サツマイモ、トウモロコシ
キノコ類	シイタケ、エノキ		
果物			バナナ、リンゴ
豆類	木綿豆腐、納豆、厚揚げ、枝豆	あずき、グリーンピース、そら豆、ひよこ豆	あんこ
海藻	ところてん、モズク、ワカメ、海苔		
調味料		マヨネーズ、辛口みそ、醤油	
油脂	オリーブオイル、ごま油、バター		
酒類	ウイスキー、焼酎、糖質ゼロビール		ビール、日本酒、紹興酒、果実系カクテル

制限ダイエット』のイメージが強く残ってしまっているのだと思います。食べる＝太る、というもの。

でも、余分な体脂肪を燃やしたい期間に控えたいのは糖質です。タンパク質や良質な脂肪、ビタミン、ミネラル等の栄養はむしろ摂らないといけないんです。

中でもタンパク質は、摂りだめができません。摂り続けなければいけない。3食の食事をする意味があるとすれば、タンパク摂取のためといっても過言ではない。エネルギーは食べだめができ、蓄えられますから、糖質の摂取はそれこそ1食でもいいんです」

「ヘルシーな食事」に潜む、意外な落とし穴

こうした量を減らすダイエットの呪縛は、カロリーが低そうに見えるものや、「和風」とついているもの、なんとなくヘルシーに思えるものをチョイスするという行動にもつながりがちだ。ここにもじつは落とし穴が潜んでいる。

大柳氏の著書『糖質オフするならどっち?』(宝島社)に記述があるが、ざるそば一人前(200g)とサーロインステーキ(200g)では、果たしてどちらが太るか。

たしかに、ざるそばのカロリーは264kcal、サーロインステーキは996kcalと、カロリーでは圧倒的に後者が高い。どう見ても、そばのほうが太りにくそうに思える。

だが、糖質で比較してみると、驚くべき結果になる。ざるそばの糖質は48・0g、サーロインステーキの糖質はわずか0・6g。カロリーが低くても、ざるそば一人前には角砂糖約10個分もの糖質が含まれているのである。大柳氏はいう。

「そばやそうめん、お茶漬けやパンなどは食欲がないときや料理の手間を減らしたいときに簡単に用意できて食べやすいのが特徴です。しかし、とくに高齢者の場合、加齢とともに失われていく筋肉や骨量、脳機能、ホルモンなどの材料のためにも、むしろタンパク質のおかずを毎食食べることが重要です。

豆腐や納豆、魚の缶詰やシラス、ゆで卵など手軽なタンパク質はたくさんあります。それらを組み合あわせ、適度な運動ができるくらいの筋肉と、丈夫な血管を保ち、骨折して寝たきりにならないよう、食事の質を高めることが大事です。そこにも低糖質食事法は役立ちます」

カロリーや見た目にだまされてはいけないということだ。そして、もしかしたら、シニアにこそ栄養意識が重要なのかもしれない。それこそ、麺類など食べやすそうなものばかり食べていたら、タンパク不足によって筋肉や骨はどんどん衰え、糖質によって脂肪だけが増えて太っていく、なんてことになりかねない。

食が細くなったから、と栄養のあるものを避けていたら、いま大きな問題になっている「ロコモティブシンドローム」（運動器症候群：運動器の衰えにより要介護になるリスクの高い状態のこと）に近づきかねないのだ。

そうなってしまったら、晩年の人生のクオリティーの高さは見込めなくなる危険がある。

とはいえ、カロリーが高すぎる食事に問題がないわけではないとも、大柳氏はいう。

「ライザップの低糖質食事法では、種実類、乳製品、マヨネーズもＯＫです。しかしたくさん摂ればカロリーもその分増えます。低糖質食事法を続けている場合、それで太ることはあまりないにしても、痩せ止まる場合は注意が必要です」

つまり、ダイエット中、痩せたいのであれば、カロリーの高いものについては、多少は量を制限する意識が必要なのである。

「毎日、自分が何を食べているか」を意識できているか？

この本の制作で取材を押し進める中で、私が大きな衝撃を受けたのは、それまで自分がいかにとんでもない食事を続けていたか、ということである。

「お腹が一杯にさえなればいい」とばかりに糖質だらけ（いわゆる炭水化物ばかり）の食事を繰り返していた。考えてみれば、毎度毎度の食事で、何を食べればいいのかなどしっかり意識したこともなかった。「とにかくお腹さえ満たされれば」「おいしいものさえ食べられれば」と思っていたのだ。

じつは多くの人が私と大差ない感覚なのではないか、とも思う。果たしてどこまで、食事に意識的になっているか。

「糖質はエネルギーにしかならない」「身体をつくっているのはタンパク質と脂質」という基本的なことですら、多くの人は知らないのではないか。

多くの人が太ることを気にしているわりに、「そもそも、なぜ太るのか？」の理由について、どうして一般的になっていないのか。

それは結局のところ、「誰も教えてくれなかったから」である。大柳氏はいう。

「食事の糖質だけが血糖に変わるという生理学的な特質は、米国糖尿病学会が確認し、2004年に専門誌で見解を示しました。日本でも、それまでは栄養学や医学の専門家でも、そのような生理学の事実を知る機会は少なかったと思われます」

大柳氏が糖質の問題に気づきを得たのは、自身が糖尿病になった医師が2005年に書いた1冊の書籍だった。京都・高雄病院の江部康二医師による『主食を抜けば糖尿病は良くなる!』(東洋経済新報社)である。

「私自身、栄養士という栄養学の専門家でありながら、たとえば、血糖を上げるのは、食品のカロリーではなく糖質であるという、生理学の事実を認識する以前に、『日本人の主食は米である』『野菜はヘルシー』など、科学の視点というより、何か文化や情緒のようなものを疑いもなく信じて、一緒にしてしまっていたと反省しました」

たしかに日本人の主食はお米だった。では、なぜ昔の日本人はいまのように太らなかったのか。

「日本人が数十年前まで食べていた米は、アミロースというでんぷんが多いササニシキが主流でした。アミロースが多いほど、米はパサパサした食感になり、消化吸収しにくく、その分、血糖の上がるスピードも遅くなるのが特徴です。

ところが現在は品種改良が進み、冷めてもモチモチとした、もち米系のアミロペクチンというでんぷんで構成されるコシヒカリが主流になっています。一般的に、もち米のほうが血糖の上がるスピードが早いと考えられています。

さらに、そのごはんの食べ方も、炊飯器が登場するまでは、炊いたごはんはおひつに入れて保存し、結果的に冷めた状態で食べることも少なくありませんでした。ごはんのでんぷんは、冷めることでレジスタントスターチという消化されにくいでんぷんに変わります。このように、昔といまとでは、品種や食べ方が違っていたと考えられます」

そしてもうひとつ、栄養の科学がなかなか広まっていかないのは、穀物を中心とした主食の価格が安いことだ。これこそが、巷に穀物をベースにした主食があふれる理由でもある。

ファストフードやお弁当などは、その典型例だろう。穀物は大量生産が可能。それが安価な提供につながっている。だからといって、穀物中心の食生活となってしまえば、糖質過多、さらには肥満につながりかねない。アメリカでも、肥満は低所得者層に多いという。

逆にいえば、主食中心の食事に比べると、低糖質食事法はお金がかかるということだ。実際、コンビニで買おうとしても、おにぎりよりはサラダのほうが高い。外食も、ご飯やパン抜きでお腹を満たそうとすると割高になる。大柳氏はいう。

「何を食べるか、つまり『食』は非常に個人的でありながら、一方で、栄養は病気、つまり社会保障とも直結するだけに社会的な要素も含んでいます。

糖尿病や生活習慣病の罹患率や死亡率、それにともなう医療費の増大を考えると、まずは個々人が、血糖を上げるのはカロリーではなく糖質だという事実を知ることが大事だと考えます」

自らが摂る食事について意識的になる。何を食べるのかに慎重になる。人生80年の時代、生涯にわたって健康的な生活を維持するためにも、食生活への意識改革、そして自己管理能力は必須になってきているのである。

最後にひとつ、前出の幕田氏の鋭い気づきも紹介しておきたい。

街にあふれているレストランなどの料理も、気をつけなければ糖質だらけになっているということだ。幕田氏はいう。

「糖質はたしかにおいしいです。世の中にはじつは糖質があふれているので、目標やなりたい身体に合わせて選ぶことが大切なのです。意識せずにいると、気づかぬうちに、糖質過多になってしまったり、栄養が偏ってしまったりする可能性もある。そこには気をつけなければならないと感じます」

ライザップの低糖質食事法を実践することで、ゲストたちは食事に対する考え方を大きく変えていく（私もそのひとりだ）。だからこそ、「痩せる」という結果を出すことができるのである。

「太らない習慣」が身につき、リバウンドしにくくなる

低糖質食事法で糖質の摂取を減らすことによって、体内に蓄積されていた体脂肪をエネルギーとして使い、減らしていく。タンパク質や食物繊維をしっかり摂ることで、筋肉をはじめとした身体づくりが促され、痩せやすい身体や腸内環境をつくっていく。

同時に筋トレを押し進めることによって、体脂肪の燃焼に拍車をかけ、さらに筋肉を活性化、維持することで基礎代謝を落とさないようにする。

この両者の合わせ技こそが、ライザップの痩せるメカニズムだ。

だが、短期間で急激に体重や体脂肪が減っていくだけに、「リバウンドするのでは?」というイメージがどうしてもつきまとってしまう。実際はその逆である。この両者の組み合わせにより、プログラムの終了時点では、太りにくい身体になっているのだ。

ライザップが2015年に、1年前にプログラムを終えたゲストに向けて行ったアンケート結果がある。有効回答数は200。ライザップのプログラムを終えて1年後にどうなったかを尋ねたアンケートだ。

それによると、入会前とライザップを終えるときまでの減量kg数は、平均で約10・6kg。その1年後、どうなったのかというと、プラス1・7kgという結果だった。200人の平均で、だ。幕田氏はいう。

「糖質を空っぽにした状態から、低糖質食を緩めて糖質が入ってくるようになると、最初どうしても少しは体重が増えてしまうんです。

それは、筋肉が空っぽになった糖質を蓄えようとするからです。このとき、糖質は水分と結びついて蓄えられるので、4倍の水と一緒になる。これが体重を少し増やすんですね。ですから、1、2kgの体重増加は仕方がないところがあります。ただ、体重は増えても、脂肪が増えたわけではないんです」

つまり、このプラス1・7kgというのは、リバウンドのうちには入らないのだ。そして、ライザップのプログラムでリバウンドが起こらない要因を幕田氏はこう説明する。

「リバウンドしない要因はいくつかあると思いますが、まずは身体の状態です。ライザップのプログラムは、単純に筋肉を減らしてでもとにかく痩せさせるというものではありません。筋肉がしっかりついた状態で仕上げますから、身体は代謝が高い状態に保たれているのです。

また、ライザップに通っていただいている間、ゲストの方々の身体は勝手に『痩せさせられた』わけではないんです。ダンベルを上げ下げしたのもゲストですし、低糖質食事法の食事を最終的に『これにしよう』と意思決定しているのもゲスト。すべての経験値がゲストの中に入っていくんです。

つまり、再現性があるのが、ライザップのプログラムなんです。こうトレーニングをしたら筋肉がつく、こういう食事をしたら痩せるという知識と感覚がデータとしてゲストに入っていくんです」

つまり、どうして痩せたかは、ゲスト自身がよくわかっており、それがリバウンド防止になっていくのだ。

一生ものの習慣にする秘訣は、「無理をしない」こと

そのことは、先のアンケート結果にも出ていた。「ライザップを終えて、1年間意識していたことは何か?」という質問に対して、200人中82%が「糖質を意識している」と答えていたのだ。ライザップで学んだことが、その後の生活にしっかり生かされているのである(59ページ参照)。大柳氏はいう。

「余分な体脂肪がなくなったあとは、ハンドリングです。『糖質を摂ると血糖が上がる』『その間は体脂肪の燃焼は後まわしになる』。そうした事実を知っていれば、食べたいときには糖質を楽しむというポジティブな脱線もできます。

たとえば、旅行で地元の味覚も楽しみたいときには、その前後の食事の主食を抜いたり、減らしたりする。また、糖質を食べたあとには、いつもより一駅手前で降りて

歩いたり、ジムで筋トレをしたりするなどして体を使う。食べたいという情緒や味覚など文化的な側面も上手に取り入れ、ハンドリングしながらストレスなく、生活の一部にして低糖質の食事を続けることが大事ではないかと考えています」

もちろん、ライザップに通う前の、身体を動かさない生活や糖質だらけの食生活に戻ってしまったら、残念ながら時間をかけてじわじわと太ってしまうだろう。太りにくい身体になっているといっても、必要以上のエネルギーが入れば、それは体脂肪として蓄積されていく。

糖質の摂取量に対する意識

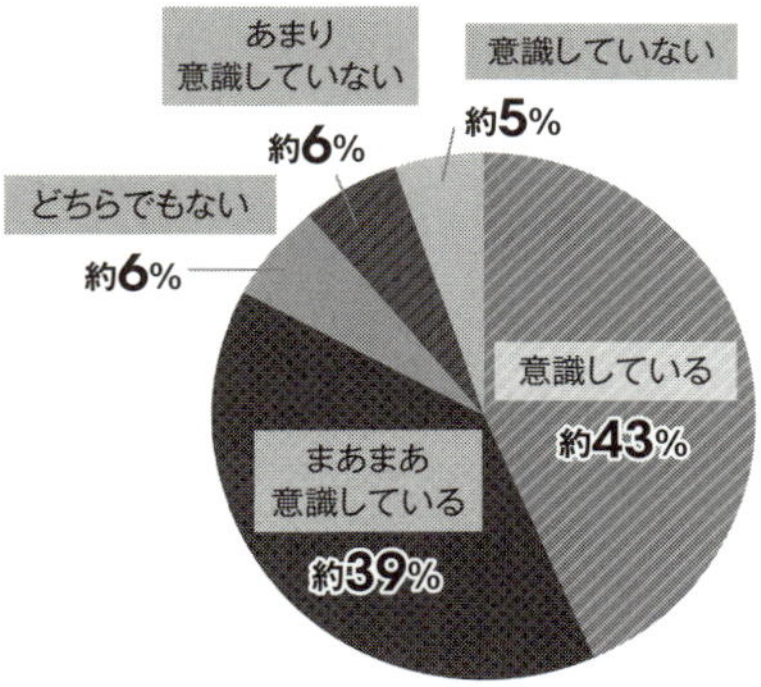

※プログラム修了から1年後のゲストに実施したアンケートより

実際、先ほどのアンケートを見ると、ライザップに入会する前より体重が増えてしまった人もいた。それは、200人中7%。「リバウンド率」という定義は厳密には世の中にはないそうなのだが、もし過去のゲスト調査に基づく「ライザップのリバウンド率」ということになると、この7%ということになるだろう。

これを高いと見るか、それとも低いと見るか。

ライザップでのダイエット期間を経て、ゲストそれぞれの中に「知識」はしっかり身についているはずなのだ。あとは、本人の意識によるところが大きい。実際、93%の人にはリバウンドは起きなかったのだから。大柳氏はいう。

「ライザップの食事マニュアルは、一生ものだと自負しています。単に糖質制限の実践方法なら雑誌やネットでも得られる情報としてたくさんあります。しかし、脳機能や、骨や血管、筋肉の栄養、腸内環境についてなど、減量をきっかけに、ゲストのその先の健康まで視野に入れた栄養学の情報を網羅したいと考えています。健康的な食事方法を知ることで健康的な減量が実現でき、それが維持できると考えます」

幕田氏もこう語る。

「ライザップのトレーナーだから糖質は摂らないのか、というと、そんなことはありません。食べますし、飲み会にも行きます。ただ、ときどき必要だと思ったタイミングに合わせて低糖質食事法をやります。だから、食べても怖くないんですね。自分自身、一生太ることはないだろうと思っています」

ライザップのトレーナーが、ほかと決定的に違う点とは？

ライザップの痩せるメソッドのポイントとして「筋トレ」「低糖質食事法」について詳しく語ってきたが、最後にもうひとつ、大事なポイントに触れておかないといけない。

「トレーナーによるマンツーマンのメンタルフォロー」だ。

これこそが、ほかにはない、ライザップならではのものだからである。

ライザップに入会すると、一人ひとりのゲストには担当トレーナーがつく。トレーナーは、筋トレについてのプログラムをつくったり、実際のトレーニングを補助してくれたりすることになるが、それだけではない。

ライザップのトレーナーは、単なる「身体を動かすためのサポート役」というわけではないのだ。幕田氏はいう。

「いわゆるスポーツトレーナーというと、身体を鍛える器具やマシンの使い方をよく知っている人、というイメージを持つ人も少なくないようです。

一方、ライザップのトレーナーは、違います。器具やマシンの使い方ももちろん知っていますが、それだけではなく『身体の変え方』について徹底した教育を受けたプロなんです」

筋トレを行う際、「痩せるために何をすればいいのか」「ボディメイクのために何をすればいいのか」を学んできているのが、ライザップのトレーナーなのだ。

身体を変えていくためのロジックを理解し、それをゲスト一人ひとりに合わせて実践していくのである。

メンタルも含めてケアしてくれる存在

そしてトレーニングと並ぶ、トレーナーのもうひとつの重要な役割が、食事指導だ。ゲストからの毎日3食の食事内容の報告を受け、減量期には低糖質食事法が正しく行われているか、アドバイスする。

それは単に「低糖質の食事になっているか」というだけではなく、腸内環境や体調、メンタルも含めてケアしていく。前出のライザップ取締役、迎氏はこう語る。

「筋トレにしても、低糖質食事法にしても、自分ひとりだけで行うのは、なかなか難しいと思うんです。もちろんトレーニングをプロからしっかり補助してもらって、正しいフォームで行うことができれば、トレーニングの負荷も減るといった面もあると思いますが、同じくらいサポートにおいて重要なのが、メンタル面です」

ダイエットには、時として苦しさが伴う。そのときに、寄り添ってくれる存在がいかに重要かということだ。迎氏は続ける。

「踏ん張らないといけないところで、トレーナーのひと言が支えになったりする。何かあれば、相談ができる相手がいる。自分の頑張りをほめ、応援してくれる。これが、ライザップのパーソナルトレーナーとしての大きな強みの部分だと思っています」

担当トレーナーとの信頼関係ができあがってくると、ゲストの意識も変わっていくという。迎氏はいう。

「これは私自身がプログラムを受けて実感したことですが、『こんなに応援してくれているトレーナーを、裏切ることはできないな』と思うようになっていくんです。だから、『食事に気をつけよう』『筋トレを頑張ろう』ということにもなる。それが結果的に自分の成功に結びついていくわけですね」

毎回のトレーニング前には、体組成計に乗って、体重や体脂肪などを測定する。これはドキドキの瞬間だ。

「トレーナーもそばで見ているんです。前回の記録が残っていますから、それよりもいい結果が出ればトレーナーも喜んでくれます。一方、まったく変わっていなかったり、むしろ増えていたりすると、なんだか申し訳ないような気持ちになるわけです。それで『次は頑張ろう』と」

共通の目標をふたりで一緒に目指していくという空気。トレーナーが、「目標達成のためのパートナー」のような存在になっていくのだ。

「逆にいえば、われわれのトレーナーは、そういうポジションを獲得していかなければいけないと思っています。何でも相談できる。何を聞いて答えてもらえる。応援してくれる。一緒に目標に向かって頑張れる。こういう存在がいると心強いと感じてもらえる。それが、ライザップの目指しているトレーナーの姿なんです」

ダイエット成功の決め手となる、その先の「目標」

ダイエットといえば、「何kg、体重が減るか」ということが真っ先に思い浮かぶかもしれないが、じつはライザップで聞かれるのは、これにとどまらない。「痩せたあと」にある本当の目標、いったい何のために痩せるのか、痩せたあと、何をしたいのかが問われるのだ。しかも、これを最初に問われる。迎氏はいう。

「痩せてどうなりたいのかということは、しっかり聞かせてもらわなければいけないと考えています。そもそも『身体』は道具だと思うんです。人生で、このツールをどう使いたいか、どう生かしたいか、という話なんですよね。

ただ単に、5kg痩せましょう、10kg痩せましょう、というだけなら、チャレンジする気持ちは大きくはなっていかないと思うんです」

ダイエット中は、体重がなかなか落ちない停滞期を経験するかもしれない。そのとき、体重をただ減らすことだけを考えていたら、メンタル的にかなりのダメージを被る。

一方、「目的は体重を減らすことではない。もっと大きな目標に向かって進んでいるのだ」と気づければ、苦しい時期も乗り越えることができる。

目標は何でもいい。「ハワイでビキニを着る」でも、「子どもを驚かせたい」でも、「昔の洋服に袖を通したい」でも、「営業成績を上げたい」でも。

ゲストの人生を輝かせる。それがライザップの本当の仕事

迎氏は続ける。

「ライザップは、ただ痩せさせるダイエットセンターではないんです。われわれの価値は、ゲストの人生をライザップによって変えていくことです。人生が輝いていく。自信がみなぎる。幸せを自覚する。その価値を提供するのが、自分たちの仕事だと考えています」

そして、ゲストのそんな姿をこれまで幾度も見てきたと語る。

「ダイエットに成功して、キラキラ輝いていかれるゲストは本当に多いです。女性はとくにわかりやすいですね。

最初は髪型が変わるんです。自信のない人は、顔を隠すような髪型をしているケースが多いんですが、後ろに結んだりしはじめる。すると、お化粧も変わっていきます。着る服が変わって、発言する内容や量も変わっていく。人は変わっていくんだと、われわれは本当に実感しています。

そうやって変わっていく姿を応援することができるのが、何よりうれしい」

ライザップが応援しているのは、単に痩せることではない。人生を変え、人生を輝かせること。ゲストの笑顔を増やすこと。だからこそ、担当トレーナーも高いモチベーションでゲストに向き合える。一生懸命になれる。幕田氏もいう。

「ダイエットして、びっくりするくらいきれいになる女性がいます。これは人生が180度変わるだろうな、と思います。その後の人生は、超ハッピーだと思います。そういうことを、数カ月で実現させることができる仕事が、トレーナーなんです。

最短のコースだと、2カ月で16回。ダイエットは時間がかかって本当に大変だと思っている人も多いんですが、『違うよ。短くてラクなんだよ』といってあげたいです」

そしてそれだけの自覚を、トレーナーは持っていると語る。

「いまでは自信を持っていえるようになりました。痩せさせられない人はいない、と。その覚悟を持って、仕事をしています。身体というのは、本当に人それぞれです。持って生まれた体質も違いますし、分泌される代謝系のホルモンの量も違います。でも、ちょっと痩せにくければ、こうやってみよう。こういうときは、こんなふうにしてみよう、という引き出しが山のようにあります。ゲストに本気になっていただくための取り組みもします。時には、長いメールを送ったりもします。

こちらの覚悟が決まれば、なんとでもなると思っています。問われてくるのは、ゲストを変えるんだ、というマインドです」

こういうトレーナーと、マンツーマンで毎日のようにやりとりをしながら挑んでいくのが、ライザップなのだ。

そして、数多くのダイエット成功者を出し続けている。

かくいう私自身、わずか2カ月で、自分でも驚くほど身体が変化したのである。

CHAPTER 2

2カ月で7kg減を実現！私の「ライザップ」体験記

ここ数年、解消したかった中年太り

ライザップに通って2カ月。しばらく会っていない知人や仕事先の関係者に会うと、間違いなく驚かれた。

「なんだか、すっきりしましたね」

「顔がひとまわり小さくなった気がする」

「たたずまいというか、雰囲気が変わった」

「若返りましたね」

「スマートになった印象です」

「お父さんから男になった感じ」

体重が1割以上、落ちていたが、不思議なことに「痩せたね」という反応はほとんどなかった。自分でも感じたが、むしろ以前よりも健康的な風貌になっていたからだ。

もともと太っているという認識はなかった。「太っている」といわれたこともない。身長が163センチ。ライザップスタート時の体重が66・4kg。ただ、自分の中ではコンプレックスが少しずつ大きくなっていた。でっぷりした腹まわり。いわゆる中年太りだ。

かつてはアパレルメーカーに勤務したこともあり、洋服が大好きだった。だが、30代に入った頃から太りはじめ、タバコをやめた16年前からさらに太り、でっぷりしたお腹になってしまってからは、昔のイメージで洋服を選ぶことはできなくなっていた。数年前、スーツを新調した際にウエストを大きくするという直しがとうとうきかなくなり、サイズアップを余儀なくされた。これは本当にショックな出来事だった。

ダイエットをしたことは一度もない。だが、中年太りが解消できるならしたいとはずっと思っていた。週末のランニングは気分転換のためだったが、「もしかしてダイエットにつながるかもしれない」という期待も少しはあった。そんな中で今回、本書を書くためにライザップを2カ月間、体験することになったのである。

2カ月で、20代の頃のスッキリ体型を取り戻せた！

結果は、自分でも本当に驚くべきものとなった。

体重は66・4kgが、59・2kgと7・2kg減。体脂肪は25・0％から17・7％と7・3％減。ウエストサイズは90・5cmが78・7cmと11・8cm減。ヒップも太ももも、ふくらはぎも二の腕も贅肉が落ちた。体組成計の内臓脂肪レベルもやや過剰の12から標準の9になった。

体重が60kgを切ったのは、20代以来だと思う。身体全体から、すっきりと贅肉が取れた印象だ。パツパツになりかかっていた洋服がすんなり着られるようになった。

お腹はいわゆる「シックスパック」とまではいかなかったが（目標を聞かれて私自身が希望しなかったからだと思われる。せっかくなので希望しておけばよかった）、20代以来、見ていなかった腹筋を久しぶりに目にすることができた。

そして私が何より驚いたのは、体組成計が示した筋肉量と脂肪量の数値だった。

2か月間の私の体重変化

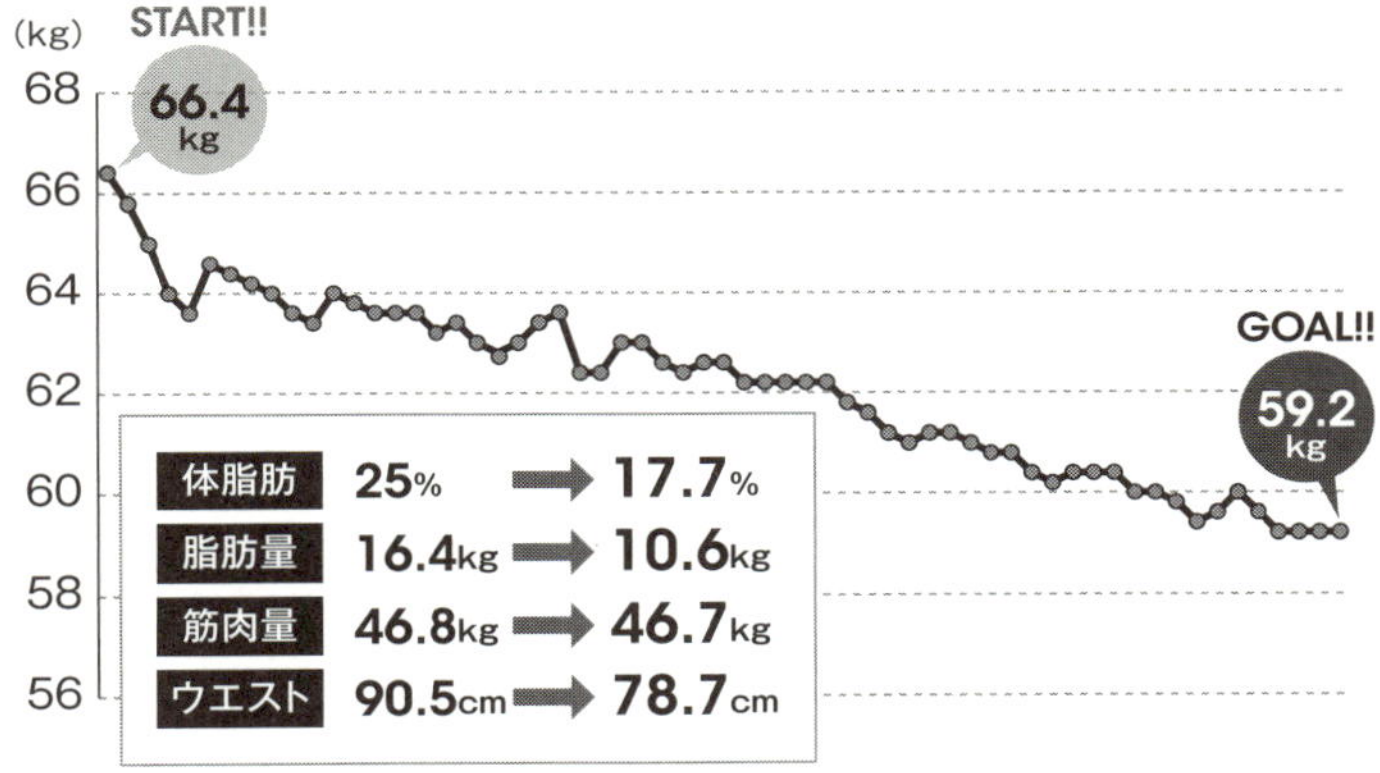

筋肉量は、ライザップスタート時に46・8kg。これが、2カ月後には46・7kgに。ほとんど減らず、筋肉は維持されていたのだ。一方で脂肪量は、16・4kgあったのが10・6kgに減っていたのである。

つまり、筋肉はそのままに、脂肪だけがごっそり減ったということだ。それも、5kg以上ものレベルである。5kgの重さの米袋を想像してみてほしい。あの分だけ、脂肪が落ちたのだ。お腹まわりはもちろん、身体中がすっきりしたのは、当然だろう。

わずか2カ月前には、まさかここまでの数字が出るとは思ってもみなかった。スタート前は、減ってもせいぜい2、3kgではないかと思っていた。それが、想像をはるかに超える数字が出た。

では、ここまでのダイエットに成功した私は、2カ月間、苦しみ抜いたのか。いや、そんなことはまったくなかった。

たしかに空腹を感じた日もあった。トレーニングのキツさに思わず声が出たこともあった。しかし、耐えられないほど苦しかったかと問われたら、答えは「ノー」だ。むしろ、あっという間に2カ月の期間は過ぎたという感覚だ。

そして、「もう一度やれるか」と問われたら、「やれる」と答えるだろう。いま以上に絞ることができることが予想できるからだ。それこそ、今度は「シックスパック」を目指したい。ライザップでのこのトレーニング期間を経て、私の中の期待と目標はどんどん高まってしまったのである。

では、私がライザップで何を経験したのか。詳しく紹介していきたい。

スタートは「カウンセリング」から

私が通っていたのは、東京・神宮前店。自宅兼仕事場から電車のアクセスがもっともいいという理由から選んだ。

ライザップでは、まずはカウンセラーによるカウンセリングを受けるところからはじまる。事前に電話で予約をし、これが店舗への初訪問となった。

当日はあいにくの雨。傘立てに傘を入れ、エントランスのドアを開けると、「いらっしゃいませ」の声。若いスタッフから笑顔で出迎えられ、受付で来店を告げた。

店内は焦げ茶のファーニチャーを使った重厚な雰囲気である。さわやかなフレグランスの香りが空間いっぱいに広がっていた。品のいいアップテンポのアメリカンミュージックが店内には流れている。

十分にラグジュアリー感、高級感、新しさがあると感じたが、じつは神宮前店は1号店。もっとも古い店舗なのだという。新しい店舗はまた雰囲気が変わるらしい。

「お待ちしていました」という声とともに現れたのは、カウンセラーで店舗責任者の山下《やました》準《じゅん》吾《ご》氏。若い会社なので若い人が出てくるのかと想像していたら、50代のダンディな紳士が現れた。手には、乾いたおしぼり。

「どうぞ、こちらを使ってください」

激しい雨が降っていて身体がぬれてしまっていたため、これはありがたかった。こうした細やかな気遣いが、ライザップのあちこちにあることを知るのは、後のことである。

カウンセリングルームに案内され、まずはカウンセリングシートを記入。基本情報、ダイエット経験、運動経験、通院の有無、身長、体重、ボディメイクをしようと思った理由……など。

印象的だったのが、このとき見せてもらったパウチされたB4判ほどのカラーの紙だ。

そこには6人の姿が写っている。EXILEのようなスタイルの男性から、体脂肪率35パーセントの太っちょの男性まで、体脂肪別に順番に並べられている。「この中の、どれになりたいですか？」と問われる。

つまり、ここで目指したい「理想の体型」を明確にするのだ。それによって、実施するプログラムも、必要な時間も変わってくるという。

さらにシートには、「成功したら何がしたい？」「成功したら誰に喜んでもらいたい？」といった項目もあった。第1章でも書いたように、単に痩せることではなく、ダイエットの先にある人生の「大きな目標」をもゲストにイメージしてもらおうというのだ。

そのあとは、ライザップのメソッドの基本の部分が語られていく。なぜ人は太るの

ライザップ神宮前店の受付。落ち着いた色彩の店内。重厚感がある

か、食事についての正しい知識、トレーニングの効果、腸内環境の重要性……など、私が第1章で書き連ねた内容がコンパクトに解説された。

私は、その解説を聞きながら、面食らってしまった。ライザップのメソッドが、ここまで深い話になっていくとは、予想していなかったからだ。

私が面食らったのはそれだけではない。

そのとき、椅子に座っているだけで、山下氏から姿勢の悪さを指摘されたのである。私の姿勢はかなり歪んでいた。背中まわりの筋肉が退化して骨盤が歪んでしまっていたのだ。その矯正も、私はライザップの筋トレを通じて行ってもらうことになる。

じつはカウンセラーの山下氏自身、異業種から転職して入社後にライザップで20kgのダイエットに成功していた。1年3カ月前まで90kgの体重があったと語っていたが、とてもそんなふうには見えなかった。

その後は、病気の経験や腰痛など、プログラムに影響を与えそうな案件をきっちりヒアリングされる。

そして店内を移動。タニタの体組成計「ボディコンポジションアナライザー」で体脂肪率や筋肉量、脂肪量、BMIなどを計測。自分の身体の状況を改めて知る。

戻って、プランの説明。ライザップといえば、2カ月のイメージがあるが、じつは長期にわたるプランもあり、目標の状況によっては3カ月、4カ月、6カ月などを選択する人も少なくないという。

「ボディメイクスタンダード50分」で2カ月のプランだと、トレーニング16回で29万8000円。ちなみに3カ月だと43万2000円だ。80分のコースやペアスタンダードというコースもある。別途、5万円の入会金がかかる(いずれも税抜)。

そして、「30日間無条件全額返金保証制度」の説明。いかなる理由でも、1カ月以内の申し出に応じるという。入会のための書類にサインをして終了。およそ1時間半だった。

帰り際、出ようとするとスタッフがドアを開けてくれた。そして、店の外の階段を上がっていくまで1分ほどの間、ずっと頭を下げて見送りをしてくれた。

このあとのトレーニングの際も、ドアを開け、こうした見送りは毎回行われた。これが、ライザップ流の礼儀なのである。

初回のセッションのメインは、「食事指導」

担当トレーナーが決まり、第1回目の「セッション」(ライザップではトレーナーと過ごす時間をこう呼ぶ)を予約。私の担当トレーナーになったのは、アシスタントマネージャーの伊藤佑《いとうゆう》氏。すらりと背が高く、甘いマスクの持ち主だ。

そのライザップでの最初の「セッション」の日。しょっぱなから激しいトレーニングが待ち構えているのかと思いきや、違った。

まずは、初回と同じく、体組成計で身体をチェック。その後、ウエストや太もも、ふくらはぎ、二の腕などを計測。さらに、写真も撮影した。ちなみに、同じことは16

回目の最終回にも行われた。これで「ビフォー／アフター」が比較できるわけだ。

そして残りの時間は、トレーニングではなく、なんと「食事指導」だった。普段のライフスタイルや食事内容について詳細に聞かれ、ここから、具体的な食事コントロール法のオリエンテーションが行われていく。

このときに渡されたのが、冊子『スタートアップガイド』。そこには第1章にもご登場いただいた管理栄養士の大柳氏監修の食事ガイドラインが詳しく書かれていた。低糖質食事法についての解説のほか、具体的に何を食べればいいのか、どのくらい食べればいいのか、カロリーはどう考えればいいのかなどが、提示されている。

食事に関して、まず伊藤氏に強くいわれたのが、朝食をしっかり摂ることだった。

じつは私は学生時代から30年以上にわたって、ほとんど朝食を摂らない生活をしていた。お腹もすかず、食べなくても気にならなかったため、食べなかったのだ。それが長く続いていた。だが、これはダメだといわれた。伊藤氏はいう。

「たとえば夜7時に食事をしたとして、朝食を抜いて昼食を食べるとなると、17時間も食事をしていないことになります。つまり、1日の半分以上、身体に栄養が入っていない。これでは、維持しておきたい筋肉が分解されてしまいます。

しかも、身体が栄養不足になっているときに、お昼ご飯で大量にエネルギーや栄養が入ってしまうので、吸収が一気に進んでしまいます」

プログラム期間中、食事は朝昼夕と写真に撮り、夕食後にまとめてメールで送ることに。ライザップには、食事の写真送付専用アプリもあるが、伊藤氏はメールで対応できるということだったので、そうしてもらうことにした。

この初セッションの日の夜、早速、伊藤氏からメールが入っていた。「パーソナルトレーナーとして徹底的にサポートするので、何でも聞いてほしい」とのことだった。そして、1日の栄養摂取の目安や日々の食事の基本構成などが改めてメールで示された。糖質50g以下、タンパク質が100〜130g、カロリーが1300kcal。主菜（肉・魚）＋副菜＋サラダという構成が基本だ。

ひとまず気にするのは糖質とタンパク質で、カロリーについては伊藤氏が写真を見てコントロールするとのことだった。加えて、推奨されたのが、市販のサプリメント。不足しがちなビタミンを摂取したほうがいいというアドバイスを受けた。

限界を超えて振り絞るときに筋肉は強くなる

2日空けて2回目のセッションで、いよいよ筋トレのスタートとなった。以降は、基本的にセッションはトレーニング。各セッションの予約は、2週間前を目安に、セッション時かトレーナーへのメールで入れていく。

店に着くと、受付でウェアとタオルのセットを受け取り、ロッカールームに案内される。ライザップでは、トレーニングのときに使うシューズと靴下は持参だが、グレーの半袖のトレーニングウェアと紺の短パンを毎回、タオルやバスタオルとともに貸してくれる。着心地のゆったりした、なめらかな生地のウェアだ。

ロッカールームは15畳ほど。神宮前店では12のロッカーがあり、暗証番号式になっており、受付でカードを渡されるので、そこに書かれた番号のロッカーを使う仕組み。広くはないが、エントランスと同じ雰囲気で高級感が漂う。

完全個室のトレーニングルーム。さまざまな器具やマシンが置かれている

洗面台が2つあり、シャワールームは同時に3人が使える。オーガニックのせっけん、綿棒コットンセットなど、アメニティにもこだわりが見えた。私は平日の昼間の時間が多かったからか、混雑を実感したことは一度もなかった。

着替えが終わると、指定されたトレーニングルームに入る。トレーニングルームは、完全な個室。それぞれにトレーニングのためのさまざまな器具やマシンが置かれている。天井はあいているので、周囲の声は聞こえるが、とくに気にならなかった。

最初のトレーニングメニューになったのは、スクワットだ。中腰になってお尻から下半身を落としていく、筋トレでは王道のメニューだが、ダイエットにはとても有効だという。スクワットはその後も毎回のように必ずメニューに加えられたが、それには理由があると伊藤氏はいう。

「筋肉のトレーニング自体は、いってみれば筋肉を破壊しているようなものなんです。このとき、成長ホルモンが出るんですね。これが筋肉の合成を促すだけでなく、脂肪燃焼も促してくれます。

そして、大きな筋肉を鍛えるほど、たくさんの成長ホルモンが出るんです。下半身には、全身のおおよそ7割の筋肉が集中しています。だから、スクワットで下半身を鍛えることは、極めて効率的なんです」

筋肉は、狙った場所につけていくことができるが、体脂肪は、狙った場所を減らしていけるわけではないという。筋トレをすることで、全身の体脂肪の燃焼に拍車をかけることができる。そのためにも大きな筋肉を鍛えたほうがいいのである。

実際、私の場合も、下半身を中心に鍛えていったのに、お腹まわりや首まわりがすっきりしていった。

50分のトレーニングでは、毎回、だいたい5～6つのメニューをこなしていった。スクワットやスクワットの変形となるスプリットスクワットやブルガリアンスクワット、背筋、腹筋、バーベルを使ったデッドリフト、レッグプレス、など。

一つひとつのメニューは長時間行われない。持久力を養うことが目的ではないからだ。たとえば、スクワットは10回の3セットが基本。

ただ、「1、2、3……」とトレーナーが数え、10を過ぎたあたりで、「もう3回、いきましょう」「短く早くあと5回行ってみましょう」という声が飛んでくることがよくあった。これが強烈にしんどいのだが、この「追い込み」こそが、筋肉を鍛える上で有効なのだという。

「限界を超えて振り絞るときにより高い効果を引き出せます。

ただ、これをひとりでは行うのはなかなか難しい。たとえば、ダンベルを自分で上げられなくなったときに、トレーナーの力を借りることによって、極限の状態の中でも上げることができたりします」

パーソナルトレーナーという存在の重要性を実感したのはそれだけではなかった。ゲスト一人ひとりの身体の傾向を見抜き、より効果的なトレーニングになるように、ゲストそれぞれに合わせた仕様や姿勢を考えてくれるのだ。

たとえば私の場合、肩幅の広さでスクワットをやると、どうしても身体が前のめりになってしまう。そこで、足を開いて足先を外側に向けてスクワットをするようにいわれた。私の体型では、こうしたほうが鍛えたいお尻や太ももの裏側の筋肉にダイレクトに響くというのである。

トレーニング後は、爽快な気分に

これまで運動はランニングくらいしかしてこなかったこともあり、正直、筋トレの種目はそれなりにきつさを感じるときもあった。50分のトレーニング中、後半になると筋肉がプルプルしてくる。追い込みのときに思わず声を上げてしまうこともあった。とはいっても、休憩が適度に取られるので疲労困憊になることはなかった。「気持ちよく汗をかくことができる」という印象だった。

これには別の理由もあったようだ。伊藤氏はいう。

「筋トレをするときに出る成長ホルモンは、運動後30分間に多く分泌しているので、トレーニングが終わったあとは達成感のような心地よい気分になれるんです」

さらに、トレーナーの「ナイスフォームです」「いいですね」といった励ましの声や、時に無駄話をしながらのトレーニングだったことも、トレーニングを楽しめた理由として大きかったと思う。

ひとりで黙々とやっていたら、あれだけのメニューを50分間こなすことはできなかっただろう。

ライザップでは、筋トレは週に2回が目安となっている。私は基本的に月曜日と木曜日を選んでいた。2、3日空けるほうがいいと教えられたからだ。

ただ、筋トレがダイエットに効果的なのであれば、毎日でも筋トレをしたほうがいいとも思える。それを、伊藤氏に聞いたことがあった。答えはこうだった。

「筋トレで筋肉が向上するメカニズムは、わかりやすくいえば、10の強度で壊れてしまうと、次は強度10にも耐えられる筋肉をつくろうとするところにあります。このとき、修復作業が必要になるんですね。

ところが、修復が終わっていないうちに、また筋トレをしてしまうと、10でも耐えられる筋肉をつくる時間がないわけです。だから、スクワットなどとくに大きな筋肉を使うメニューは、しっかり間を空けたほうがいい。逆に、腹筋のような小さな筋肉は毎日でも鍛えてかまいません」

歩くことが苦でなくなった

この週2回の筋トレを続けていく中で、自分でも驚いたことがあった。それは、簡単にはできなかったメニューが、だんだんとできるようになっていったことだ。たとえば、「フロアバックエクステンション」と呼ばれる背筋。

ベンチプレスのシートにうつぶせになって、上半身は空中に浮く姿勢を取る。足をトレーナーにしっかりと押さえておいてもらって、浮いた上半身を上下し、さらには左右に振って1回。これを10回3セット繰り返すのだ。

このメニューを最初にいわれたときは、「こんなのができるはずがない」と正直思った。実際、まったくできなかった。身体を持ち上げられないのだ。

ところが驚くべきことに、翌週やってみると、少しできるようになっていた。やがて、10回3セットが普通にできるようになったのだ。この変化を伊藤氏はこう説明してくれた。

「筋トレは、眠っている筋肉を目覚めさせます。つまり、もともとはできる能力があるんですね。ところが、使っていなかったために、いわば眠っている状態。筋肉は、すぐにさぼろうとするんです(笑)。そこで、筋トレによって徐々に目覚めさせていく。すると、ちゃんと働くようになるんです」

私の筋肉も、このプログラム期間を通じて、どんどん目覚めていった。その結果、身体を動かすことが、どんどん苦にならなくなった。

私は取材や打ち合わせのための移動を車ですることが多かったが、歩くことにまったく抵抗がなくなっていった。歩いても疲れないのだ。プログラム期間中の後半には、積極的に駅まで歩いたり、散歩に出かけたりする自分がいた。

週末のジョギングもすこぶる快適だった。もっともっと走りたいと思えたくらいである。ただ当初、激しい運動は控えたほうがいいと伊藤氏からアドバイスを受けた。

「有酸素運動は、軽く汗をかくくらいなら、脂肪を落とすのには効果的ですが、激し過ぎると、身体に負荷がかかり過ぎて、同時に筋肉も落ちてしまうことがあります。

こうなると、ダイエットには逆効果になりかねません。だから、激しい有酸素運動は、ダイエット中はお勧めしないですね」

最初はきつかった「低糖質食事法」

週2回でのライザップでの筋トレと同時に、私は2カ月間、低糖質食事法を続けることになった。これは、正直、まったくつらさがなかったわけではない。

というのも、先にも書いた通り、私はもともとご飯も麺類も大好きだったのである。おかずよりも、ご飯など主食メインの食事を何十年も続けてきた。それがいきなり、主食をゼロにしなければならなかったのだ。

いってみれば、毎食ご飯抜きの定食を食べているようなもの。実際にはじめてみたところ、どうにも満腹感、満足感が得られないのである。焼き魚や牛ステーキが食べられるといっても、ご飯がないと、どうも何かが物足りないのだ。

しかし、これはもうどうにもならない。何十年も続けてきた習慣を変えていくしかないのである。主食の代わりに、キャベツやモヤシ、豆腐などをご飯がわりにして、満足感を得るように努めた。

私のある1日の「ライザップメニュー」

朝食

- シャケの塩焼き
- 炒り卵
- メカブとオクラ
- モヤシのピリ辛スープ
- サラダ
（サニーレタス、キュウリ
カイワレ、ブロッコリー、スプラウト）
- 青汁

昼食

- 牛ステーキ
- ナス
- 枝豆
- サラダ
（サニーレタス、キャベツ
オクラ、カイワレ）
- ヨーグルト

夕食

- 豆腐（薬味つき）
- モヤシ炒め
- サラダ
（ワカメ、サニーレタス
キュウリ、カイワレ
こんにゃく麺）

こうした食事を2カ月間頑張れたのは、トレーナーの存在が大きかったと思う。

担当の伊藤氏には、毎日3食を写真に撮りメールで送信。伊藤氏からは、週2日の公休日を除いて返信をもらっていた。そこで、ダイエットへの励ましとともに、さまざまなアドバイスをくれるのだ。

「これでは夜食の量が多すぎます。夜はお昼の半分以下の量です」

「ネギは糖質が多いので摂りすぎに注意してください」

「かかっているソースには気をつけましょう」

「キノコ、海藻など食物繊維をもっと意識してください」

「サバの味噌煮は糖質が高いので、水煮がお勧めです」

「ドレッシングは糖質が多いものがありますので、要注意です」

「野菜は、ブロッコリーやオクラ、ホウレンソウなど緑黄色野菜を増やしましょう」

担当トレーナーの個性にもよるようだが、伊藤氏はかなり細やかに食事についてアドバイスをするトレーナーだったようだ。時には、「どうして魚がダイエットにいいか」についてなど、特定のテーマで長いメールをもらったこともあった。

こうした応援サポートが、低糖質食事法を続けられる励みとなった。

さらに、私の続ける気持ちを後押ししてくれたのが、体重が確実に落ちていったことだ。これは、低糖質食事法を続ける大きなモチベーションとなった。「ライザップのメソッドは本当に効果的だ」ということを私に実感させ、「頑張ろう」という決意をさらに強固なものにしてくれたのだ。

そして、続けているうちに、次第に「主食なし」という食生活にも慣れていった。

ただ、2カ月間で最後まで困ったのが、外出先での昼食だった。

世の中の食事処は「糖質」のオンパレードだからだ。しかも、外出先では何かを買ってきてオフィスで食べることが、フリーランスの私にはできない。そのため、低糖質食事法を実践している間は、「外出先で食べられるものがない」という意味で、昼食難民になってしまいかねないのである。

ファミレスや定食屋が見つけられたら、肉や魚のメニューを単品で頼んだり、定食のご飯を抜いてもらったりした。コンビニ等を利用できるときには、たとえばセブン-イレブンだったら「こんにゃく麺サラダ」、ローソンならば「ブランパン」など、低糖質の食材を選んだ（自宅での昼食の際は、コンビニにはずいぶんお世話になった）。

外出先にお店がなさそうなときは、妻に頼んで糖質オフのお弁当をつくってもらった。低糖質食事法はコストもかかるが、手間もかかる。なにせ朝食から、サラダに焼き魚、さらには副菜までつくらないといけないのだ。その意味では、食事をつくってくれていた妻にはずいぶん負担をかけてしまったと思う。

ある程度、使える食材に制限もあるので、いろいろなバリエーションをつくるのは大変だったと思う。それでも、ライザップからもらった冊子に掲載されたレシピを参考にしながら、毎日同じようなメニューにならないようにさまざまに工夫してくれていた。

夕食の物足りなさを克服するために、私が行ったこと

食事に関して苦しかったことは、もうひとつ、夕食の量の少なさだった。これに慣れるまでに多少の時間がかかった。

トレーナーの伊藤氏に口を酸っぱくしていわれたのは、「食事量の割合の目安は、

朝3：昼5：夜2」。昼間はガッツリ食べられるが、夜はそうはいかないのだ。理由は、夜はどうしてもエネルギー代謝が落ちてしまうから。

多くの場合、夕食は、大きなサラダとメイン1品だった。飲み会や会食では、サラダや魚など、食べられるものだけを食べた。正直、空腹が押し寄せた日もあった。お腹いっぱい食べられないつらさを、改めて思った。

ただ、幸いだったのは、最初のカウンセリングの時点で、「おやつ代わりにもなりますよ」とアドバイスされ、ライザップのオリジナルプロテインを買っていたことだ。プロテインは筋肉の修復に大きな効果を発揮するので、トレーニング後にも飲んだが、筋肉の向上に役立つ栄養のため、毎晩飲んでもかまわないといわれていた。なので、夜、空腹のときには、伊藤氏のアドバイスのもと、レモンライム味、もしくはチョコレート味の粉状のプロテインを200ccの水に溶かして、そこにチアシードを入れて飲んだ。これが、空腹をずいぶん紛らわせてくれた。私にとっても、楽しみな時間になっていた。

ただ、人間というのは不思議なもので、続けていくうちにいずれ慣れていく。主食なしの食事と同様、夕食の量についてもだんだんと慣れていった。むしろいまは夜はヘビーな食事をしたいとは思わなくなっている。慣れというのは、すごいことである。

ダイエット中、「お酒」はOKなのか？

大変だったことといえば、「お酒」も忘れてはいけない。

私はビールが大好きで、毎晩、寝酒として風呂上がりにビールを飲むのを1日の楽しみにしていた。その後は、ウイスキーやワイン、焼酎に切り替えて飲み続けることもあった。もちろん、飲み会となれば、ビールやほかの酒をガンガンあおっていた。

1年365日、熱でも出ない限り、ほぼ毎日飲んでいたのだ。

そんな私なので、ライザップでの初回の食事指導の際、すかさず担当トレーナーの伊藤氏に「お酒は飲めるんですよね」と質問した。すると、きっぱりこういわれた。

「ダイエット期間中は、やめたほうがいいです」

あまりにストレートにいわれてしまったので、私は反論できなかった。

私自身、お酒を浴びるように飲む生活に不安も感じていたのは事実だ。お酒のせいで体調の悪い日もあった。それでも、仕事を頑張ったあとの1杯という心地よい瞬間を、自ら断つことができるほど私は強くなかった。

しかし、今回は腹をくくることにした。いっそのことダイエット期間中は断ってしまおうと私は考えたのである。


じつは、ライザップのダイエットでは、お酒のすべてがNGになっているわけではない。糖質の高いビール、日本酒、紹興酒、果実系カクテルはダメだが、ウイスキーや焼酎、糖質ゼロビールは少量なら問題ないとされている。

実際、会食や接待などが日常的にある仕事をしている人たちの場合、「お酒は一切NG」では、このトレーニングを続けるのは難しくなりかねない。ライザップでは、お酒をたしなみながらもダイエットができるのである。

ただし、やはりダイエット中は、お酒はやめるに越したことはない。管理栄養士の大柳氏は、お酒とダイエットについてこう語る。

「低糖質食事法で糖質が身体に入ってこなくなると、体内で糖をつくることになります。これを『糖新生』といいますが、これは肝臓と筋肉で行われます。糖新生がうまくいっていると、糖に対する欲望は減っていきます。

ところが、お酒を飲むと、肝臓に負担がかかるため、糖新生がうまくいかなくなる。

体内で糖がつくれなくなってしまうんです。飲んだあとにラーメンを食べたくなるという話を聞きますが、それは飲んだことで肝臓の糖新生がうまくいかなくなり、身体が糖を欲するからです。

だから、生理のメカニズムとしても、ダイエット中に肝臓をきれいにしておくことは、とても大事なんです」

お酒によって肝臓に負担をかけるのを避けたほうがいいのは、糖新生のためだけではない。

低糖質食事法を実践している期間中、身体の中に入ってこない糖質に代わり、脂質をエネルギーにするために肝臓がフル稼働で働いている。ところが、お酒を飲んでしまうと、肝臓の機能はアルコール分解に集中せざるを得なくなり、脂質の燃焼にまで手がまわらなくなるのだ。

つまり、低糖質食事法で本来だったら燃えるはずだった脂肪が、燃えないままになってしまう。結果として、ダイエットの効果も薄れてしまうのだ。

ちなみに、肝臓が脂質をエネルギーにする際、「ケトン体」というものが生成される。これは、糖質に代わって脳のエネルギー源になるもので、トレーナーの伊藤さんいわく、「外から糖質をダイレクトに入れるとエネルギーになりますが、脂質を分解したケトン体もじつはエネルギーになるんです」。

私はこれまで仕事中、脳を元気にするには甘いものだと、チョコレートをせっせと食べていたのだが、それによりケトン体の生成を阻んでしまっていたわけだ(当然のことながら、それを聞いて以来、チョコなしで仕事をしている)。

私はライザップに通っていた2カ月の間、「禁酒」に成功した。

この間、幾度もあった飲み会においても、私はウーロン茶で通した。ひとつわかったことは、ウーロン茶でも十分に場の雰囲気に馴染める、ということだった。これはひとつの発見だった。

さらに、2カ月の間、すべてのお酒を断つことで、「寝酒がなければ眠れない」という30年来の思い込みは、まったくの嘘だったこともわかった。むしろ、飲んでいたとき以上に寝つきはよくなった。

お酒もすっかり抜き、私は極めて健康的な2カ月を過ごすことになったのである。

不安や不満は「中間カウンセリング」で

ライザップでのセッションがはじまってしばらく経った頃、ゲストは約1時間の「中間カウンセリング」を受けることになる。

セッションがスタートしてダイエットがはじまると、いろいろな不安や疑問点も出てくる。場合によっては、担当トレーナーやお店について不満が出てくることもある。そこで、トレーナーではないカウンセラーが、目標に対しての達成度合いや指導内容、サービス、担当トレーナーに対する満足度などについてカウンセリングを行ってくれるのだ。

私の中間カウンセリングを担当してくれたのは、神宮前店の大河原彩子《おおかわらあやこ》氏。笑顔がチャーミングな若い女性だ。

話を聞くと、ご自身もかつてはライザップのゲストだったという。それにより、ダイエットに成功。同じ喜びをたくさんの人にも提供したいと、ライザップに入社してカウンセラーになった。

カウンセリングは、まずはトレーニングの話から。強度はいまくらいで大丈夫かという問い。さらに食事の話や睡眠の状態、便通についての質問がつづく。

そのあとは単刀直入に、担当トレーナーとのコミュニケーションで気になることや、トレーナーについて満足しているか、フロント対応や清掃面で気になるところはないか、といったことが聞かれる。大河原氏はいう。

「ゲストの中には、本当はもっとこうしてほしい、ということがあっても、担当トレーナーに気を使っていいづらいという方もおられます。なので、カウンセラーが間に入ってお話をお聞きしています。

気になるところがあると、ボディメイクの妨げになってしまいます。ダイエットの落ち幅を妨げてしまうもののひとつが、ストレスですので」

そのため、担当トレーナーは、カウンセラーがよく考えて選んでいく。

「入会のカウンセリングの際、きっとこの人ならあのトレーナーが合うのではないか、と相性を見て担当を決めさせていただいています。また、共通の趣味のあるトレーナーを選ばせていただくこともあります。もちろん、多少ご希望も伺います。厳しいトレーナーがいいという方がおられたりしますからね」

場合によっては、中間カウンセリングをきっかけに、トレーナーが替わることもあるという。それだけ、ゲストとトレーナーとの関係を大切にしているのだ。

そして、こうしたきめ細かなマッチングによって、ゲストとトレーナーとの二人三脚のダイエットが可能となるのである。

便秘と睡眠不足で、最初の「停滞期」を経験

66・4kgからスタートしたライザップでのダイエットは、59・2kgという7・2kg減で終えることになるが、この2カ月の間、体重がずっと落ち続けていったのかといえば、そんなことはない。幾度か踊り場を迎えていたのだ（73ページ参照）。

低糖質食事法をはじめて3日ほどで2kg以上、体重が減ったが、その後、あっという間に1kg以上戻す。

この原因として、トレーナーの伊藤氏が着目したのが、私の「腸内環境」だった。

実際、腸内環境とダイエットとは密接な関係がある。

ある研究者グループが痩せている人の腸内細菌と肥満の人の腸内細菌を、それぞれ無菌状態のマウスに移植するとどうなるかという実験を行ったという。すると、35日後、前者のマウスでは変化が見られなかったのに対して、後者のマウスでは脂肪量が約20%も増えたという。同じ実験を何度繰り返しても同様の結果となり、腸内細菌が太ることと関係することがわかったそうだ。

その後、そのほかのさまざまな研究により、こうした太る原因となる、腸内のいわゆる「デブ菌」の多くは、腸内環境が悪化すると優勢になり、また余計に脂質や糖質を溜め込んでしまう性質があることが明らかになったという。

じつは私の腸内環境は、ライザップに来る前から決していいものではなかった。毎朝、食事を食べる習慣がなかったのと同様、毎朝、排便する習慣もなかった。しかも、糖質中心の偏った食事に、毎日のアルコール摂取である。下痢と便秘を交互に繰り返し、不安から大腸内視鏡検査を受けたこともあった。伊藤氏はいう。

「低糖質食事法がよく効く人と、そうでない人がいます。腸内環境が整っている人のほうが、よく効くんですね」

そして、低糖質食事法をはじめてから、私はあっさりと便秘になってしまう。以降、食事報告のメールには、便通の状況も報告することになった。それに基づいて、こんにゃく、メカブ、キノコなど伊藤氏が食べるものをアドバイスしてくれた。

さらに、便秘に効くストレッチを教えてもらったり、市販されている商品で便秘に効果的なものを教わったりもした。その中で、私がとくに効果を実感したのが、「MCTオイル」だった。

MCTオイルとは、ココナッツオイルや母乳などに含まれる中鎖脂肪酸100％のオイルのこと。脂肪を燃やしてくれる効果が期待でき、先のケトン体の生成も促進してくれるとされ、ダイエットで大きく注目されているオイルだ。

伊藤氏からこれは便秘にも効果があると教わった。そこで、朝晩、食事にかけたり、プロテインに入れたりして摂取したのである。これ以外にも、私はカウンセリングの際に薦められたライザップオリジナルの食物繊維のサプリを購入し、摂取していた。

もうひとつ、私の体重が1kg以上戻ってしまった理由として、伊藤氏から指摘を受けたのが、睡眠だった。

睡眠もまたダイエットとじつは深い関係がある。質のよい眠りを適度にとれば、体重減の効果があるという。ところが、ライザップをスタートさせてしばらく、私は仕事が忙しかったこともあり、あまり睡眠がとれていなかった。これをまず強く指摘された。

そこで私は、1日7、8時間、しっかり睡眠時間を確保するように心がけた。

トレーナーの的確なアドバイスで停滞期を乗り越える

その後、腸内環境を整える取り組みが功を奏し便通がよくなっていき、さらに睡眠も安定していった。また、筋肉トレーニングのメニューも効果が高かったのだろう。その後、体重はスムーズに減っていった。

ところが、プログラムをスタートして3週間ほどして、また体重が上がりはじめた。

ここで伊藤氏から思い切った策が提案された。それは、夕食を「置き換え」する、というもの。

ライザップでは、お店に通うことができない人のために、通販のプログラムがある。そのプログラムで使われているのが、一食分の食事に置き換える「ライザップスタイル」というものだ。

プロテインなどの栄養素や食物繊維が豊富に含まれている粉末状のものを、400cc程度の水で溶かして飲む。味は抹茶、チョコ、ベリーミックス。要するに、「飲むだけの食事」に夕食を置き換える、ということだ。

最初はかなり不安があったのだが、トライしてみると意外にもお腹が膨れた。粉を入れると600ccくらいになり、私は噛みながら飲んだのだが、案外、「食べ応え」があるのだ。

この「夕食」を、週末に3日間、頑張って続けたところ、体重がどかんと2kg近くも落ちた。消化に時間のかかる肉・魚を控えたことが効果につながったのだ。

その後、伊藤氏からプレゼントされたのが、「万歩計」だった。「もっと歩いて、日常的な代謝を上げていこう」ということだ。また、それまではまったくいわれていなかった自宅での軽い筋トレを提案された。

この2つの実践で、するすると体重が落ちていった。

だが、それから2週間ほどして、また踊り場を迎えてしまう。5日間、体重がまったく動かない状態がつづいたのだ。

ここで伊藤氏からアドバイスを受けたのが、夕食の主菜を、動物性タンパクの魚から、植物性タンパクの豆腐に変えてみましょう、ということだった。それにサラダをプラスしたのが、しばらくの間の私の夕食メニューとなった。

幸いにも豆腐は嫌いではなく、むしろ魚よりも自分には食べやすかったので、これは大いにフィット。しかも、ここから体重が一気に減っていった。けっこう量は食べていたが、豆腐の置き換え効果は絶大だったようだ。


こうした幾度かの「停滞期」は、伊藤氏の的確な指示とアドバイスで乗り越えることができた。ひとりで黙々と行っていたら、こうはいかなかっただろう。

実際、伊藤氏は私からいろいろな情報を聞き出しながら、私の身体の状態を判断してくれていたようだ。そして、最初から無理をさせることなく、小出しに新たな取り組みを提案してくれた。伊藤氏はいう。

「『さあ、ダイエットだ』とばかりに、初日からいきなり、『夜は豆腐で行きましょう』『毎日、自宅で筋トレしてください』となったら、ものすごくつらいと思います。だから、そんなことはしません。ダイエットの天敵はストレスですから。

楽しくスタートして、そのときどきに、効果的だと思われる方法を提案していく。これが、トレーナーの役割だと思っています」

2カ月で、逆三角形の体型が復活！ 姿勢も改善!!

2カ月のライザップ体験。この期間、私は大いにダイエットを楽しんでいた。みるみる体重が減っていくのを見るのは、やはりワクワクする。こんなワクワクを感じることになるとは、取り組む以前には自分でも思っていなかった。

そして、今回のプログラムを終えて、私の中ではいくつかの変化が起きた。

そのひとつが、当然のことながら、身体が変わったこと。

まず見た目が変わった。ウエストまわりがすっきりし、ぽっこりお腹も凹んだ。よく行くスーパー銭湯で鏡に映った身体を見たとき、肩や胸元がガッシリし、ウエストが引き締まった「逆三角形型」が戻っているのには本当に驚いた。

さらに驚いたのは、身体の姿勢そのものが変化したことである。姿勢の悪さをカウンセリングで指摘された話は書いたが、筋トレでしかるべき筋肉が活性化したおかげだと思う。じつは、肩こりもなくなった。

ダイエット後、「たたずまいが以前と違う」といってもらえることが増えたが、姿勢の変化によるものも大きいと思う。

しかも、疲れにくくなった。だから、積極的に身体を動かして代謝を上げていこうと考える自分がいる。それがダイエット効果に間違いなくつながることを実感したからである。

変化の2つ目は、食生活に対する考え方が一変したことだろう。

ライザップが実施する低糖質食事法のプログラムは、私が思っていた以上に深かった。食事に対する考え方、身体のメカニズム、腸内環境などの話を聞いていくうちに、食生活も含めた生活そのものを改善しなければ今後の人生が危ないかもしれないぞと思うようになった。

1食1食の内容を意識するようになった。何が自分を太らせるのかもわかるようになった。何よりも、昔の食生活に戻ることは一生ないだろうという確信がある。

かといって、一生、低糖質食事法を続けるわけではない。ビールだって飲む。低糖質食事法はあくまでダイエット期間中の極限の食事法。そもそも糖質は毒ではない。大切なのは、「食べたほうがいいもの」「できるなら避けたほうがいいもの」を知った上で、状況に応じて自分でコントロールしていくこと。

私は、ライザップによって、こうした、「これからもずっと活きてくる知識」をもらえたのだ。朝ご飯はちゃんと食べるだろう。タンパク質やキノコ、海藻類などの食物繊維を強く意識するだろう。夕食では、できるだけ糖質を控えめにするだろう。もし体重増加が気になったら、また糖質をオフにする極限の食事にトライしてみればいいし、ライザップで教わった「自分でできる筋トレ」をすればいい。

そのためにも重要なのは、「朝晩、体重計に乗る習慣を続けること」。これは伊藤氏からアドバイスされたことである。

この習慣があれば、体重が増えたときには糖質をコントロールできる。一方、この習慣がなくなると、身体に無頓着になっていく。

プログラム終了後には、新しい目標が

セッションの最終回のあと、糖質オフの食事から徐々に糖質を取り入れていく方法も伊藤氏から教わった。

2カ月間、糖質を摂取していないので、いきなりの大量の糖質を入れてしまえば、身体が過剰反応してしまう可能性がある。脂質をエネルギー源としていた状態から、糖質もエネルギーとして使う状態へとじわじわと切り替えていく必要がある。

そこで、まずは朝にリンゴやキウイなどの血糖値を大きく上げないフルーツからはじめる。体重の様子を見ながら、翌週のランチでそばやおにぎりを少し摂取してみる。そして、次第に普通のランチに移行する。

伊藤氏からは、「個人差があるので、焦ることなく体重を眺めながら慎重に」といわれた。

同時に、自宅で週2〜3回の筋トレを意識することもアドバイスされた。2カ月で定着しかかった筋肉を安定させ、基礎代謝を維持し、余分なエネルギーを燃やすためだ。

私はこの2カ月でプログラムを終了したが、ゲストの中には、その後も引き続きライザップを継続する人も多い。先にも書いたように、その割合は7割にものぼる。継続プログラムには、8回、12回などのまとまった継続プランのほか、ライフサポートトコース（月2回で1万9600円。税別）がある。

私には、ライザップを継続したくなる気持ちがよく理解できる。端的にいえば、理想がどんどん高まっていくのだ。私も、今回7・2kgの減量に成功したが、もっと減らしたいと思う自分がいる。

そして何より、「続けたい」と思えるのには、2カ月間お世話になった担当トレーナーの存在が大きい。週2回のセッション、毎日のメールでの叱咤激励……。この2カ月間、濃い時間を共有してくれたし、目標達成を一緒に喜んでくれた。

これでもう食事の写真を撮ってメールを送ることもない。コミュニケーションを交わすこともない。それを思うことは、想像以上に寂しいことだった。改めてライザップのプログラムの奥深さを思った。

CHAPTER 3

世の中になかった「新業態」は、なぜ生まれたか

健康や美容関連の通販会社がはじめた「新事業」

ライザップといえば、真っ先に思い浮かべるのは、鮮烈なテレビCMかもしれない。驚異的な「ビフォー／アフター」の映像のコントラストが、視聴者を驚かせる。いまや子どもにまで、その名前を知られるまでになっている。

ライザップは2012年2月にスタートしたが、この事業をはじめたのが、健康コーポレーションだ。

2003年に設立。社名の通り、健康や美容に関するさまざまな商品を扱う通信販売会社として業績を伸ばしてきた。

雑貨や建築を手がける会社などもグループ会社として有し、札幌アンビシャス市場に上場。2016年7月1日からは、純粋持株会社、「RIZAPグループ株式会社」がスタートし、すべてのグループ会社が傘下におさまった。

その社長、瀬戸《せと》健《たけし》氏こそが、ライザップ事業の発案者であり、文字通りの生みの親だ。

その瀬戸氏にインタビューする機会を得た。

ライザップのCMのイメージがあるからだろうか、どうにもギラギラした雰囲気を想像してしまうのだが、目の前に現れたのは、物腰柔らかな腰の低い温和な雰囲気の社長だった。現在、38歳。瀬戸氏は笑いながら語る。

「あのCMのイメージがあるのでしょう。タンクトップを着た日焼けした人物が現れると思ってしまう人が多いようです（笑）」

健康コーポレーションの大きな成長のきっかけになったのは、２００３年に出した「豆乳クッキーダイエット」だった。一気に年商約１００億円、累計で３００億円を超える大ヒット商品となった。

豆乳クッキーによって痩せるというダイエット商材だが、じつはこれがライザップ事業のヒントになったのだという。

「ご利用いただいた方にアンケートをとると、1箱あたり平均で2・2kg減のダイエットに成功したことがわかりました。それなりの結果が出るということで評価もしてもらいました。

ところが、その一方で、豆乳クッキーダイエットに挫折してしまった人もいることがわかったんです」

豆乳クッキーダイエットがヒットしたのは、水を含むとお腹の中で膨らみ、空腹の苦痛を緩和できたことだ。結果として、ダイエットに成功する人が続出したのである。

「ダイエット商品としては理に適っている商品でしたが、そうはいっても結局、ダイエットはダイエットです。大変なことには変わりがない。とくに難しいのは、『ひとりで取り組まなければいけない』ということだと思ったんです」

ダイエットの最大の失敗理由は、「続けられないこと」

瀬戸氏が思い出したのが、高校時代の自らの経験だった。

高校3年のとき、恋を告白された女性がいて、つきあうことになったのだが、その女性は身長152センチで体重が70kgを超えていた。

「彼女が痩せることに挑戦することになりまして、私は毎日のように電話して、ダイエットを頑張るよう、励ましていたんです。振り返ってみると、いまのライザップのトレーナーのようなことを自分でやっていたわけですね」

そして、大学に入学するまでの1年足らずの間に、彼女は20kg以上のダイエットに成功する。瀬戸氏の応援が実ったのだ。

「びっくりしたのは、彼女が痩せたことで外見以外も変わったことです。きれいにもなっていっただけではなかった。散らかっていた部屋が、整理整頓できるようになっていきました。振る舞い方、話す内容、話し方もすべて変わりました。

人というのは変われるんだ、そして、変わることで輝けるようになるんだと知ったんですね。これが、人が元気になる、人が自信を持てる、そんな商品やサービスを提供できる会社をつくろうという思いにつな

RIZAPグループを率いる瀬戸健氏

がっていきました」

だが、変わろうとするときには、苦しさも伴う。そこで役に立てるのが、本当の意味で人を応援することなのだと改めて気づいた。

「ダイエットの一番の失敗は、やり方を間違えることではなくて、続けられないことなんです。これはダイエット以外でもそうです。つまり自己実現を阻んでいるのは、続かないこと。三日坊主で終わってしまうこと。

ここにこそ、悩んでいる人がたくさんいると思ったんです。だから、そこにパートナーの存在が意味を持ってくる」

挑戦する人に寄り添い、応援し、続けることを可能にする存在だ。ライザップでいえば、「トレーナー」である。

「人間には強さもありますが、弱さもあります。この弱さをカバーするサービスをつくりたかった。こういうサービスは、なかなかないことに気がついたんです」

ダイエットが長続きしない。ならば、パートナーが寄り添って支援する。ここに筋トレや低糖質食事法というメソッドが加わり、ライザップのプログラムができあがっていったのだ。

最初は、社内でも理解してもらえなかった

だが、そんなサービスはこれまで世の中にはなかった。それだけに、まずは社内で「ライザップとは何か？」を理解してもらうのに時間がかかった。

「最初は、『いまさらフィットネスジムをはじめるのか』と真っ先にいわれましたよね。ひとまず、『フィットネスジム』としてくくられてしまうわけです。そうじゃなくて、パーソナルトレーナーがマンツーマンでついてサポートする、と説明したら、パーソナルトレーニングもフィットネスジムで普通に行われている、と。昔から行われているのに、どうしていまさらやるのか、というわけです。

そんな具合に最初は、社内に共感してくれる人も、賛成意見もほとんどなかったんです」

ひとつのポイントは、トレーニングだけでなく、日常の生活にも立ち入って寄り添っていくということだ。これが、従来のパーソナルトレーニングとの大きな違いだった。

「週2回、来てもらってマンツーマンでトレーニングしてもらう、というのは、ライザップのほんの一面でしかないんです。それ以外の時間も、ずっとトレーナーとつながっている。

毎日の食事を写真に撮ってもらって、それを毎日、送る。トレーナーに送るために、1日に最低3回は写真を撮るわけです。コース料理なんて食べたら、5、6回撮らないといけない。だから、2カ月間で最低180回は写真を送る。

そんなことを毎日やってもらったら、トレーナーは単なるトレーニングのトレーナーではなくなるわけです」

瀬戸氏には確信があった。そういう存在になれたら、かつて自分が彼女のダイエットで結果を出すことができたように、必ず役に立てる。パートナーの存在がいかに重要なのか、ということだ。

「これまでのパーソナルトレーナーは、食事指導をすることもないし、生活習慣に踏み込むこともなかった。でも、そこまでやらなければいけない。単に筋トレを指導しているだけでは、本当の意味でのダイエットのパートナーにはなれない。そう考えたんです」

もとより、ダイエットの世界で圧倒的に足りないと感じていたのが、そういう存在だった。

「これまでの日本の教育に欠けていたのは、『やり切らせる力』だったんじゃないかと思うんです。

効率よく教えることはとても意識されている。そういう場はたくさんある。でも、やり切るところが抜けているから、『結果』にまで行かない。英会話だって、週2回行けばうまくなるのか。必要なのは、『やり切る』ということだと思うんです。

それは、『教える』のとはまた違う能力です。まったく別のスキルが要求される」

トレーナーに、従来とは「異なる力」を求める

ないものをどうやって伝えていくか。

瀬戸氏の苦労は、ようやく社内で理解をしてもらえたあとも続いていく。

「トレーナーを採用すると、まったく理解をしてもらえないわけです。

それまで自信を持って筋トレをやってきた。でも、ライザップで求められるのは、

そうじゃない。土俵がまったく違うわけですね。トレーニングの力だけでなく、コミュニケーション能力も求められる。

こうなると、『トレーナーとしても納得がいかない』という人が出てくる。反発も少なくありませんでした」

「自分たちはいったい何者なのか」を理解してもらうのに、とても時間がかかってしまったのだ。

「人間というのは、過去の経験がやっぱり邪魔をすることもあるんです。それを否定するわけではありませんが、プラスアルファの能力を要求しなければいけませんでした。それによって、居心地の悪さを感じたトレーナーもいたと思います」

瀬戸氏は、社内で訴え続けた。

「自分たちはいったい何者なのか」「ゲストはなぜ、ライザップを選んでくれるのか」「どうしてダイエットでコミュニケーション能力が必要になるのか」「どうしてゲストに対する、思いや愛情が重要になるのか」……など。

じつはライザップのトレーナーの採用率は、現在、わずか3・2%。そしてライザップでは必ずしもトレーニングの専門家や有資格者ばかりをトレーナーとして採用しているわけではない。

なぜなら、そうした能力だけが求められるのが、ライザップのトレーナーではないからだ。むしろ、コミュニケーション能力など、それとは異なる力が重要視される。だから、「トレーニングとは異なる力を持った人に、トレーニングのスキルを学んでもらう」という考え方が生まれた。

これまでのトレーナーのイメージとは、まるで違うトレーナー像を、ライザップはつくったのだ。

大胆な「無条件全額返金制度」はなぜできたか

結果が見込めないと感じた場合には無条件で全額返金するという「無条件全額返金制度」も、瀬戸氏の決断だったが、これにも社内の反対は相当あったらしい。

「トレーナーを含めて、反対されましたね。いまＲＩＺＡＰグループでは、ライザップの考え方を使って、結果にコミットするゴルフや英語の事業をはじめていますが、ここでも全額返金制度を取り入れています。想像通り、ほぼ例外なく反対されました」

瀬戸氏が考えるのは、「自分たちはいったい何の会社なのか」ということだ。

「振り返ってみるべきなのは、自分たちは何のプロなのか、ということです。お客さまに筋トレを教えるプロなのか。これで自己満足するならいいですが、それではお客さまのためにならない。

ライザップは何のプロなのかというと、『痩せること』『健康的になること』。ならば、それに対して向き合わないといけない。

自己満足でお金をいただくのは、プロではないんです」

こんなふうに社内を納得させていったという。

そして、無条件全額返金制度を取り入れる効果は、社内でも大きかった。

「無条件全額返金制度を導入するとどうなるのかというと、自分の仕事に緊張感が出てくるんです。適当に仕事をしたら、本当に全額返金になりますので。それは、自分を否定されるようなものですから。

そして、緊張感って、とても重要なんです。緊張感を持っていると、仕事と真剣に向き合うようになる。トレーナーの仕事では、お客さまとのコミュニケーションが重要だということが、本気でわかってくるんです」

一方で、それだけの緊張感が求められることは、仕事を担う側は大変なのではないだろうかとも思える。しかし、じつは、緊張感を持ち、真剣に仕事に向き合うことで、仕事を担う側も結果が出せるようになっていくのだ。

「緊張感を持っていると、仕事に真剣に向き合うから、仕事のレベルが上がっていきます。そうすると、お客さま満足度も上がってくる。トレーナーにいい形でフィードバックがやってくる。『ありがとう』という声が多くなってくる。やりがいも上がっていく。いいスパイラルになっていく。

こういう循環をつくらないといけないと思っているんです」

そして、この延長上にあったのが、いまやライザップの代名詞のひとつにもなっている「結果にコミット」という考え方である。

「お客さまが求めているものを必ず提供する。考えてみればこれは、当たり前のことではないかと思うわけです。もしかすると、あらゆる業界につながるかもしれない。『結果にコミットする』というのはとても重い言葉ですが、仕事をやるからには、それをやり切る覚悟を持たないといけない。なぜなら、お客さまが求めているのは、こちらが頑張ることなんかではない。『結果』だからです」

無条件全額返金制度を使って退会したゲストの割合は公表されていないが、極めて少ないという。

また、退会を申し出る場合も、ライザップのプログラムに納得がいかないというネガティブな理由よりも、「(ライザップのトレーニング以外の場所で)ケガをしてしまった」「スケジュールで来られなくなった」「転勤になった」などの理由が多いという。

「プロセス」ではなく「結果」を提供する

ライザップの結果へのこだわりは徹底している。それは、「結果とは何か」ということについて強い意識を持っているからだ。瀬戸氏はいう。

「多くのサービスが、結果や目標を定めずにアクションばかりをやっている印象があるんです。ゴルフのレッスンでもそうでしょう。とりあえず練習からはじまる。目先の改善指導だけが行われる。これで本当にいいのかどうか」

だからライザップが意識するのは、まずは「ゴール」を設定すること。これこそ、第2章で書いた、最初のカウンセリングを受けたとき、ライザップで真っ先に行われることだ。「何のためにダイエットするのか」と、ダイエットの先にある「大きな目標」が問われるのである。

「どうなりたいのかをしっかり定めてもらいたいんです。こうなりたいというワクワクがあるからマネジメントが生きてくる。これは会社の仕事でも、子どもの勉強でも同じですが、何のためにこれをやっているのかを、わかってやっているのと、わからないでやるのとでは、大きく違ってくると思うんです」

そして、このゴール設定をコミュニケーションに使う。

「トレーニング中に、目指しているゴールについての会話が、10%でも20%でもあるとゲストの中でスイッチが入ります。

腹筋が割れて胸板が出た姿をイメージしましょう。夏には海に行って完璧な姿で水着を着ましょう。そうした未来に向けた動機づけができる言葉が出てくるだけで、ダイエットに向かう火のつき方がまったく違うんですよね。

食事やトレーニングをやり切ってもらうには、ワクワクするゴール設定ができるかどうかが大事だと思うんです」

だから、ゴールを設定し、それを共有する力がとても重要になる。

「ワクワクする目標です。２、３kgしか痩せなくていいと思っている人は、10kg痩せることはまずない。そこにスイッチを入れられるか。ゴールがないまま頑張るのは、難しいんです」

自動的に富士山の頂上に着いてしまう人はいない。行こうと思うから、そこに辿り着ける。「人間には自動目標達成装置がついていて、ゴール設定をすれば、そのために何をする必要があるかを導き出せる力を必ず備えている」と瀬戸氏はいう。一方で、「ゴールがないものを導くことは不可能なのだ」とも。

「結果とは何か」についての考え方は、ライザップの事業についても同じだ。

「ライザップは、『トレーニングをすること』に対してフィーをいただいている会社ではないんです。あくまでも、『理想の身体と自信を手に入れていただく』ということの対価としてフィーをいただいているんです。

そこには、結果を出すことに本気でコミットする覚悟のあるトレーナーがいる。そしてこれは、マンツーマンでなければできないんですね。

そうすると、ひとりのトレーナーが何十人も担当することは難しい。だから、向き合える数というのも限られてしまう」

ライザップの費用について高額のイメージを持つ人も少なくないが、要するにこういうことなのだ。ライザップは、トレーニングだけを提供しているのではないのだ。「週2回のトレーニングだけではなく、それ以外の時間もフル活用して、トレーナーはゲストに向き合っていくんです」

そしてゲストが満足いくような設備や環境づくりにも、費用は意味を持ってくる。払った費用にふさわしい場所が用意されるのだ。

「結局、『コミットしてくれるところを選びますか』ということだと思うんです。結果をコミットしてくれなくて安価なところを選ぶか、対価を払って確実に結果を手にできるところを選ぶか。ライザップはあくまでも、『結果を提供している会社』で、『プロセスを提供している会社』ではないんですね。

極端にいえば、一度のトレーニングで同じ金額がかかったとしても、それで結果が出るのであれば、それもひとつのあり方だと思うんです。トレーニングを100回受けられるといっても、結果が何も出ないのであれば、苦痛を与えられただけで何の意味もない」

結果にコミットしているからこそ、ライザップの費用は出てきたと語る。

「痩せるための場所としては、普通にある金額です。ライザップが自信を持って育て上げたトレーナーだからこそ、堂々といえる金額だと思いました」

だから、ライザップのプログラムは、富裕層向けに考えたわけではまったくないという。

「たとえば、同じくらいの金額でブランド物のバッグを買う人もいるわけです。一方で、同じ金額でライザップでボディメイクをしようと考える人もいる。

これは価値観や優先順位の問題だと思っています。どちらがいいのかは、それこそ個人の価値観です。自分自身を変えるという、本質的な『自分への投資』を選ぶか、それとも、そうではない満足感を手にしたいか。その選択だと思うんです。

そして、私たちは自分たちの『サービス』に圧倒的な自信を持っています。トレーニング中、ゲストに『苦しい』と感じさせてしまうこともあるかもしれません。しかし、それ以上に『このプログラムをやってよかった』と絶対に思ってもらえると考えていますから」

人に喜んでもらう。そこにもっとも幸せを感じる

では、瀬戸氏が事業に向かうモチベーションとは何なのか。

「僕は学生の頃から落ちこぼれだったんです。バカにされたりすることもありましたが、別に嫌だとは思わなかった。でも、人生は一度しかありませんから、何をもって幸せとして生きるのかは大事にしないといけないと思っていました」

これが、瀬戸氏がそもそも自ら事業を起ち上げた理由だ。

「事業を通じて、私自身も幸せになりたいと考えたわけですが、では、どういうときに自分が幸せを感じるのか。涙が出てきたりするのか。

ライザップでは毎月のように全体研修を行っていますが、そこでお客さまの声が動画として流れるんです。お客さまが、『ライザップでボディメイクをして、人生が変わった』とおっしゃって、キラキラしているのを見たりすると、本当に涙が出てくるんです」

それはどうしてなのかと考えたとき、人に喜んでもらったり、人の幸せに役立ったりすることこそが、自分の幸せなんだと改めて気づいたのだという。

「人に喜んでもらうことをするのは、じつは自己肯定をしていることだと思うんです。人間が本来持っている自己肯定感を最大に高めること。これこそが、最大の自己実現だと思う。だから、人に喜んでもらうことをやり続けることが、自分の幸せを高めるための最大のポイントなのだと思っています」

ライザップの事業をスタートする前、10人の社員がモニターになったという話はすでに書いたが、やはりこのモニターが大きな手応えだった。

「結果がこれほどまでに出たというのには、驚きでした。これならば、人の役に立てて、人の未来を変えられて、前向きにできるようなサービスができる。しかも、これまで存在しなかったサービスです。自分だったら、入りたいと思いました。そして、『これはいける』と思いました。

僕もいろいろな事業をやってきましたが、ここまで『いける』という勝算が持てた事業はなかなかありませんでした」

お客さまがあってこその会社。社員の笑顔があってこその会社

事業を行っていく上で、もっとも大事にしていることは、「愛情」だという。しかし、順番を間違えてはいけないと考えている。

「やっぱりスタートは、『お客さま』からでなければいけないと思うんです。会社は何のためにあるのかを考えたとき、『お客さま』があるからこそ、存在意義が出てくるわけですよね。お客さまから会社が選ばれて、選ばれるからこそ事業が成り立ち、会社は存続できて、従業員みんなが生活をちゃんと送れるようになる。こういう循環がある。

だから、社員のことだけ大切にして、お客さまと向き合っていなかったとしたら、社員を大切にしているようで、じつは社員を大切にしていないのと同じなんです。向き合う順番を間違えてはいけないといつも思っています。

お客さまに向けて一生懸命にやれば、最後はきちんと返ってくるということです」

若い苦しい時代を経てきた経営者だ。１００億円を売った豆乳クッキーダイエットだったが、類似商品が続々と登場するなどして、売上高は2年で大幅に減った。一時は資本金が底をつきかけたこともあった。

「お給料が払えなくなるギリギリのところまでいったあと、なんとかしのいで、乗り切った経験があります。あのときは、社員たちの笑顔に救われました。あの笑顔をずっと続かせなければいけないと思いました。そうでなければ、会社という基盤は続きません。

そのためにも、お客さまを大事にしないといけない。社会に必要とされるものを追求しないといけない。でも、ただ追求するだけではなくて、社員が笑顔になれるような事業を進めなければいけない。それをいつも考えています」

あくまで「正しいこと」をしていく、ということである。

「『契約がとれればいいや』『売り上げが上がればいいや』『売り逃げするくらいの気持ちでいいや』という気持ちでやっていたら、本当に重みのある言葉は出せないと思っています。

真剣にゲストに向き合い、絶対に痩せてもらう、絶対に笑顔になってもらう、絶対に幸せになってもらう。そういう覚悟を持っているから、出てくる言葉があるんです」

知名度が高まった矢先に痛烈な批判が！

事業開始以来、大きな話題となって成長を遂げてきたライザップだったが、思わぬことが起きたのは、事業スタートから4年目の２０１５年のことである。

大きくテレビＣＭも展開し、ライザップの知名度が急上昇してきたところで、一部週刊誌に痛烈な批判記事を浴びせかけられたのだ。高額なサービスなのにもかかわらず、「トレーナーが有資格者ではないのではないか」というのも、そのひとつだった。

しかし、すでに書いてきたように、ライザップのトレーナーは一般的なスポーツトレーナーとは、やることがまったく違うのである。筋トレを指導するだけでなく、食事指導やゲストとのコミュニケーション、ライザップでのプログラム中のメンタルフォローなども、ライザップのトレーナーにとっては重要な仕事となっている。

逆に、筋トレ指導のプロであったとしても、食事指導やメンタルフォローができないのであれば、ライザップのトレーナーを続けるのは厳しい。

だからこそ、ライザップでは、たとえトレーナー経験がないとしても、たとえば、コンサルタントや銀行員、営業職など、高いコミュニケーション能力を持つ人材であれば採用し、綿密な研修でトレーナーとして育成するということもしてきた。ここをかみつかれたのである。

ほかにも、トレーナーの長時間労働の問題なども指摘された。瀬戸氏は真正面から取材に応じ、資料を提示しながら、すべてを包み隠さず語ったという。瀬戸氏は語る。

「まだ若い会社ですから、至らないところはたくさんあると思っています。かなり曲解されて受け止められていたこともありましたので、反論したい気持ちもありました。しかし、真摯に受け止め、会社としては、これを機会に、さらなる善後策をつくっていこうと考えました」

批判記事は問い合わせ件数にも影響が出た。なんと7割も減ったのだ。しかし、ゲストが友人や家族、まわりの人々にライザップを紹介してくれた。その結果、紹介件数はなんと普段の6倍に達した。この数はいまだに更新されていない。

「私たちは、ゲストに支えていただいていると、改めて実感しました。ゲストのために何ができるか。結果により満足いただくためにもっとできることは……と、さらに強く考えました」

その後、批判記事が続くことはなかった。

イケイケの空気は、ライザップにはない

テレビCMに相当なインパクトがあり、黒と金と派手なロゴマークが印象的で、さらには急成長を遂げているからか、ライザップについて、イケイケの派手な会社なのではないかという印象を持つ人は多いようだ。じつは私自身もそうだった。

ところが、実際のライザップは、まるで違う印象だった。

事業がイケイケの状況にあっても、調子に乗っているような空気はまったくないのだ。数字をガンガン追いかけている、という雰囲気もない。

むしろ、こちらが驚いてしまうほど、出てくる社員がみな謙虚なのである。「自分たちはまだまだだ」という話しぶりなのだ。こんな急成長している事業なのに、と極めて意外だった。これには、先の瀬戸氏の逆境時代の経験も大きいのかもしれない。

同じような印象は、通っていた店舗でも受けた。さわやかではあるが、落ち着いた空気感が広がっている。ギラギラした雰囲気はまったく感じられなかった。瀬戸氏はいう。

「成長しているからと、自己満足に浸っている場合ではないと思っています。ライザップのサービスは、まだまだ改善するところがたくさんあります。社内でのコミュニケーションとしては、むしろ前向きなことのほうが少ないんですが、それは本当にそう思っているからです。

RIZAPグループはヘルスケア領域で世界一を目指していると同時に、計画はつねに最悪を想定して動いています。事業に誇りを持つことは重要ですが、調子に乗るようなことがあってはなりません」

そして瀬戸氏をはじめ、従業員全員が追求しようとしているのが、ライザップの「心と体に輝きを」という理念だ。これを実現するべく、社員は行動しているという。名刺サイズの理念・行動指針を誰もが必ず身につけているという。

店舗数は全国78に広がった（2016年7月現在）。急激な店舗拡大は、ゲストのニーズがあったからだ。まだ1店舗だった頃から、地方からやってきているゲストもいたという。その後も口コミで評判が広まり、ニーズをもとに全国展開はあっという間に行われた。

すでにライザップは海も越えている。香港、上海、台湾、シンガポール、アメリカに店舗がある。

「『やり切ることができない』『続けられない』というのは、世界共通の悩みなのだと思います。いずれも好評をいただいています。

パーソナルトレーニングもフィットネスジムも世界中にありますが、一人ひとりに寄り添い、向き合ってくれるライザップのような存在は、どこにもありませんでした」

国内でも海外でも、店舗拡大は、さらに加速していくという。

CHAPTER 4

ライザップの強みは、「トレーナー」にこそあり

社員が考える、ライザップの「最大の強み」とは？

ライザップの強みとは何か？

これには、たくさんの答えがありそうだ。「結果へのこだわり」「完全個室」「高級感がある」「さわやかな接客」「若さ」「設備のよさ」……。

だが、もしライザップの社員に、「最大の強みは何か？」と質問すると、誰もがこう答えるという。

「トレーナーです」

そんなふうに教えてくれたのは、人事ユニットの平井千絵《ひらいちえ》氏だ。

「ライザップの一番の価値はトレーナーです。ゲストの目標を達成させるのも達成させられないのも、トレーナーの能力次第。

その中で、とくに大きいといえるのが、コミュニケーションの力。コミュニケーションがうまくいけば、ゲストの『ダイエットを頑張ろう』という気持ちも高まります。

トレーナーを信頼することができれば、食事を改善したり、推奨するサプリメントを検討されたりします。

ゲストが低糖質食事法や筋トレを実践し、継続されるには、『心』の部分が大きいと思うんです。そして、その部分にこだわっていることが、ライザップのトレーナーの大きな特徴です」

採用の際には、こういう話をトレーナーの希望者にしっかりするという。

ライザップのトレーナー採用率はわずか3・2％。トレーナー経験者やトレーナーの有資格者であっても、不採用になることは多々ある。それは、ライザップが求めるパーソナルトレーニングが、「筋トレを教えればいい」ではないからだ。

トレーナー採用については、社長の瀬戸氏も熱く語っていた。瀬戸氏はいう。

「一番大事なことは結果を出すことなんです。では、結果を出すためにはどんなことが必要になるのか、と逆算しないといけない。もちろん筋トレを提供するのはとても重要な手段ですが、それ以外の時間での生活管理や、やるべきことを最後までゲストにやり切っていただくことができる力のほうが重要なんです」

そのためには、ゲストと信頼関係を築けないといけない。瀬戸氏は続ける。

「だから、人間性が問われますよね。お客さまにちゃんと愛情を持って関われること、お客さまにきちんと向き合えること、本気でお客さまの結果にコミットする覚悟があること。トレーナーにはそうしたことが必要です。

また、トレーニングや食事をこなすためにも、ワクワクするようなゴール設定をする力も求められます」

社長自らが、ここまで熱く語るほど、トレーナー採用をライザップは重要視しているということだ。

「他喜力」を持った人が採用の条件

これを受けて、採用担当の平井氏は厳選採用を押し進めている。

「本音でいえば、お客さまもお待ちですし、できるだけ早くトレーナーを店舗に配属したい、という気持ちはあるんです。でも、譲れないところは譲れません。

採用のポイントは、『心』の部分にあると考えています」

そのキーワードが、「他喜力」だ。

「文字通り、『他人を喜ばせる力』のことです。自分自身が成長する意欲を持っていることはもちろんですが、ゲストのために、仲間のために、悩んでいる人のために行動ができること。『もっと健康になっていただきたい』『もっと笑顔になっていただきたい』という思いを行動に移せる人。人の喜びを自分のエネルギーに変えられる人。そういう人を、他喜力のある人だと捉えています。

ある研修で教わった言葉でした。ライザップが求める人材として、いま一番上に掲げているのが、この『他喜力』ですね」

単に「トレーニングスキルがある」「低糖質食事法の知識がある」というだけでは、トレーナーとしてライザップで仕事をしていくのはなかなか難しい。

「求人広告の原稿に他喜力に関する文言を入れたり、説明会や面接会に来られる前に、トレーナーのドキュメンタリー動画を見てきてもらったりするようにしています。

その動画は、ライザップの理念を行動に移しているトレーナーたちにフォーカスした内容になっていて、この動画を見てもらえたら、どんな人が働いているのか、どんな人がライザップに求められているのかが、少なからず伝わると思って配信しています。

動画を先に見てきた人は、面接の中での言葉がまったく違いますね。ライザップへの理解度が違うな、と感じます」

そしてもうひとつ、トレーナー採用で重視されるのが、「コミュニケーション力」だ。

「これはカウンセラーも同様ですが、基本的に人と接する仕事。いろいろな幅広い方々と接することになりますので、コミュニケーション力は重視しています」

その結果、採用者の中にはトレーナー未経験者もいる。

「トレーナーの中には職人的な人もいて、『自分のやり方でやりたい』という思いが強かったりする。また、他人と協力し合って意見交換しながらやるのではなく、自分のメソッドを追求したいという人もいます。それは考え方としてありだと思いますが、ライザップが求める人材としては向かないことが多いといえます」

ライザップの看板を背負って、トレーナーとしてゲストのダイエットやボディメイクをサポートしていくのであれば、ライザップのメソッドに沿って行ってもらわねばならないのだ。

「ライザップのトレーナーには、自分の『思い』はありながらも、ライザップのトレーニングのマインドやメソッドを理解し、ゲストに提供してほしい。ですから、会話をしながら、この人はライザップで働くイメージが持てるかな、ということはよく見ています」

営業職や販売職など、異業種からの転身も多い

現在、ライザップのトレーナーの中で、トレーナー経験者は全体の半数に満たないという。

「もともとインストラクターをしていて、大勢の方のトレーニングを担当していたけれど、もっと一人ひとりと向き合ってサポートしたいという思いで、転職されてきた方が多い印象があります」

では、トレーナー未経験者とは、どういう人たちなのか。

「もともと営業職だった方や販売職の方、ブライダル関係の方など、人と話すのが好きだったり、人と接する仕事をされていたりした方が多い印象です。人を喜ばせるのが好き、楽しませるのが好き、自分もライザップの仲間に入りたい、と」

ただ、トレーナーという職について経験がなくとも、やはりどこかでスポーツとつながっている人が多いという。

「もともと体育系の学科で学んでいたり、体育会系だったり、スポーツをするのが好きな方です。いまはトレーニングやスポーツから離れた仕事をしているけれど、だんだんスポーツ熱が甦ってきて、やっぱりやりたいことを仕事にしたい、というケースもあります。そこで、『スポーツ』というキーワードで検索をして、ライザップを見つけられるようです」

さすがにトレーニングやスポーツをまったくやったことがない、というのは少ないらしい。

「『何もスポーツをやったことがない』という方はあまりおりません。ただ、トレーニングの経験や筋力の程度については自己申告が基本ですが、見た目からもある程度、わかります」

もちろん、潜在力を重視しての採用もある。

「とくに女性はウェイトトレーニングをしたことがある人は少ないですから、筋力に伸びしろがあるかを確認するようにしています。

実際、採用時にはトレーニングの能力に長けていなくても、ライザップの雰囲気に馴染み、入社後にきちんと研修を行いますので、大きく変わっていったトレーナーもたくさんいます。ですから、入ってもらったら、きっと変わるだろうなという期待の採用もあります」

自らもトレーニングし、ボディメイクし続けるトレーナーたち

中には、採用にあたって身体を変えてもらうこともあるという。ライザップのトレーナーとしてゲストのボディメイクにあたる人材には、それに「ふさわしい身体」が必要だということだ。

その場合、入社後の研修でライザップのメソッドを学んでもらいながら実践。その結果、ものすごく格好よくなったトレーナーはたくさんいるという。

ちなみに、私の印象では、ライザップのトレーナーには、笑顔のさわやかなイケメンや美女がとても多いように感じる。これについて、統括トレーナーの前出・幕田氏

がこんなことを語っていた。

「トレーナーたちは、自分でもトレーニングをし、ボディメイクをし続けますので、もともとはイケメンじゃなくても、なんとなくカッコよくなっていくのかもしれないです（笑）。女性はたしかにきれいになっていきますし。

それだけやっぱり、ボディメイクというのは、ワクワクするんです。だから、自分もイキイキしてくる」

ライザップとは、自らもトレーニングをし続ける集団が、イキイキワクワクした状態で仕事をしている場所なのだ。

トレーナーたちで飲み会などに行っても、愚痴が出てくることなどないという。ゲストにもっとこうしてあげたい、将来こんなふうにしていこう、など熱い会話が繰り広げられるそうである。幕田氏は続ける。

「それは社長の瀬戸や事業責任者の迎の人柄もあると思います。仲間で支え合い、お客さまの喜びをエネルギーにしていますので。だから、大変だと思うことはあまりないんです」

現在、若くて熱いトレーナーが数多く活躍している。

学びつくす研修で、プロのトレーナーに育て上げる

そして幕田氏が、ライザップの最大の武器だと語るのが、教育制度だ。

「教育には、自信があります。お客さまを変えたい、お客さまを喜ばせたい、というマインドさえ持ってきてもらえれば、トレーナー未経験の人でも育て上げる自信があります。

弊社は教育に大きな投資をしています。だから、トレーナーの質が違います」

その研修拠点となっているのが、「ライザップアカデミー」だ。

ここには、毎月のように採用された数十人ものトレーナーが送り込まれ、教育を受けている。パワーラックをはじめ、ライザップに置かれている標準的なマシンも用意されている。採用担当の平井氏はいう。

「入社時のアカデミーでの研修は、トータルで21日間あります。座学と実技の両方です」

研修の前半11日はトレーナー、カウンセラーが同じカリキュラムをこなす。カウンセラーも実技を学ぶのだという。後半10日は、トレーナーとカウンセラーに分かれて、より専門的なことを学んでいく。平井氏が続ける。

「前半のライザップメソッドでは、解剖学、バイオメカニクスなど、トレーニングに関する専門的な知識を徹底的に学びます。身体の仕組みを理解するんです。同時並行で、トレーニングも行っていきます。座学の日と実技の日が交互にやってくるイメージです」

この前半11日間は、猛烈な勉強をし、かつトレーニングをすることになるらしい。

座学では、その内容は栄養学的な話から、医学的な話まで多岐に及ぶ。しかも、かなり深いところまで。実技もみっちり仕込まれる。

「みなさん早い時間にやってきて、マシンを使って実技を自主練してみたり、終わったあとに復習したりしています。とくにトレーニング経験のない人は、かなり自主練をやります。

みなさん、ゲストを変える使命を背負っていくため、必死で研修を行うんです」

模擬セッションで、安全管理のスキルを徹底チェック

後半はトレーナーとカウンセラーに分かれて専門的な研修に移る。平井氏はいう。

「一人前のトレーナーとしてお客さまの前に立てるよう、お手本の練習、補助の練習など、具体的な実技研修に入っていきます。

そして、最終的には模擬セッションをしてもらうテストがあります。お客さま役の人にセッションをして、それを研修担当者がチェックしていくという内容です」

安全管理についても、この後半の研修で厳しく教えられるという。私のセッションでもそうだったが、たとえば、バーベルを持ち上げるデッドリフトでは、腰を痛めないようベルトが巻かれた。

「そのベルトの巻き方が正しいか、トレーニングする際の補助の仕方が正しいか、安全管理のところはとても重要視しているところです。

私たちの場合は完全個室ですので、安全管理ができるのは担当トレーナーだけ。

模擬セッションでは、お客さまのちょっとした身体の使い方から危険を察知できているか、トレーニング器材を安全に使うためのマシン操作をきちんと怠らずにできているかなどを、厳しくチェックします」

さらに、ただトレーニングが円滑にできればいい、というだけではない。

「たとえば、トレーニングが終わって、次のメニューに移るときには、使った機械を片づけたり、次に使う器具を用意したりしなければいけません。

その際、トレーナーは無言で黙々と作業をしていてはダメなんです。お客さまとのお話を続けながら、次の準備をスムーズに行っていき、『では、次に行きましょう』となるのが、理想的なやり方。これもトレーナーのスキルのひとつとして必要です」

これは、当たり前のようにできそうで、じつはそう簡単なことではないらしい。研修ではこうしたスキルも鍛えていく。

ライザップアカデミーでの研修では、週の中に2日間の休みがある。だが、自主練に励む人が多いそうだ。

「お休みの日でも出てきて自主練をしたり、復習したりしています」

このように、ライザップのトレーナーになるには大変なハードルをクリアしなければいけない。研修の期間中にはテストも行われる。このテストに合格できないと店舗に配属できないのだという。さらに、21日間の研修後は、配属店舗でOJT研修が行われ、その後にもテストを実施。これを経てようやくトレーナーは店舗でゲストを迎えることができる。

「デビューしてもらうために、私たちも最大限のフォローアップはします。しかし、トレーナー本人にも相当な努力をしてもらわないといけない。研修では、『簡単になれる仕事ではない』ということを伝えるようにしています」

21日間の新人研修の中で、1日だけ異色の研修が行われる。

それが「接遇研修」だ。

ライザップの監修者のひとりであり、ホテルでの勤務経験を有し、その後、ファッションモデルとして東京コレクション等で活躍。その経験から現在は、ホスピタリティコンサルタントの肩書きを持つ高岡よしみ氏の会社が、接遇研修を担当している。

「ライザップは接遇にとても力を入れています。

接遇への意識の高さは、入社時の研修だけでなく、店舗に配属されたあとも続くようにしています。たとえば、定期的に高岡先生の会社の方に店舗をまわっていただいて、覆面調査に近いことをしていただいたり。

できていないところは数店舗を管理するスーパーバイザーに報告してもらい、それについての研修を店舗で行うこともあります。こうした調査で、私たちが気づかないところなどをご指摘いただくこともあります」

接遇で難しいのは、かしこまり過ぎても、ゲストにとっては心地よくないかもしれない、という点だ。どれだけ「ナチュラル」な接遇ができるか。ライザップがこだわりを持っているのは、その点である。

接遇研修では、言葉遣いや電話の出方、メールの作法も教えられるという。

こうした入社時の研修のほか、店舗で勤務しているスタッフへのフォロー研修が定期的に行われている。また、全国のスタッフが集まる全体研修もある。講師を招き、新しい知識をアップデートする場として、研修は積極的に使われているのだ。

それぞれの身体に合わせて、臨機応変に対応

ライザップのトレーナーの大きな特徴は、トレーニングしかり、食事指導しかり、メンタルフォローしかり、ゲスト一人ひとりにしっかり寄り添うということだ。

その意味では、通り一遍のスキルや知識を持って、それをただ生かせばいい、という仕事ではない。ゲストによって、プログラムは変わっていくし、求められるものも変わっていくのだ。平井氏はいう。

「ライザップというと、痩せる場所、ダイエットのジム、という印象をお持ちの方も多いんですが、もともとお客さまのご要望を聞いて、ボディメイクをするところなんです。

どんな身体になりたいか、痩せたあと、何がしたいのかなど、その先にあるものを必ずヒアリングしていきますし、それを叶えるためのお手伝いをさせていただくのだという感覚を、トレーナーにはしっかり学んでもらいます」

最初にカウンセリングが行われるが、トレーナーも最初のセッションなどを通じて、必ずゲストの要望を確認していく。それに合わせたプログラムをつくっていくのだ。

「ベースになるメニューは3つです。1つ目が、足の中で一番筋肉が大きい太ももを鍛える『スクワット』。2つ目が、胸の筋肉を鍛える『ベンチプレス』。3つ目が、背中の筋肉を鍛える『デッドリフト』。大きな筋肉を動かしていくほうが、トレーニングとしては効率がいいんです。

最後に腹筋を取り入れます。体幹を大きく使うトレーニングなので、最後に持ってくるんです」

トレーニングのメニューや考え方としては一般的だが、ライザップがほかと違うのは、こうしたプログラムを、それぞれのゲストの身体の状態に合わせて組み替えていくことだ。

「お客さまと実際にお会いしたときやカウンセリングのときの情報をもとに、どんなトレーニングがそのお客さまに合うかを検討し、プログラムを組んでいきます。さらに、最初のトレーニングの日には、正しいフォームをチェックしながら、『膝がちょっと曲がっているな』『ちょっと腰がかがみ気味だな』など、身体の特性を見極めて、トレーニングメニューを修正していったりします」

「腰を痛めたことがある」「膝に痛みがある」、私のように「五十肩になっている」といった情報もインプットして、トレーニングを構成していくのだ。

ゲストの「理想の身体」に徹底的にフォーカスする

プログラムを決める材料は、ゲストの身体の状態だけでない。さらに重要なのが、ゲストがどんなボディになりたいのか、という点。

「それぞれのお客さまが目指すボディに合わせて、上半身をメインにする、下半身をメインにするなど、トレーニングの部位を分けて、トレーニングプログラムを組んでいきます」

ゲストが何を求めているかによって、トレーニングを変えていくのである。ゲストが「腹筋を6つに割りたい」「足をきれいにしたい」と要望すれば、そのためのプログラムが組まれる。

私が姿勢を正してもらったように、身体の使い方のクセを直したりもする。

「猫背のままトレーニングをするのと、姿勢を改善した状態でトレーニングをするのとでは、トレーニングの効果が変わります。姿勢に関しては、トレーニングのフォームを修正しながら、必ずトレーナーは指導します。姿勢が悪い方の場合、真っ先にトレーナーはそこに目がいきます」

トレーニングをしていると、胸が開いたような姿勢になり、自然に正しい姿勢に変わっていくという。

「あとは、そのときの体調や身体の状態に合わせて、臨機応変にプログラムを変えたりもします」

1回あたり50分のセッションの中で行うトレーニングのメニューは5から6だが、細やかな判断で構成や内容が組まれていくのだ。

「ライザップは、こうしたトレーニングを体系立ったメソッドとして確立させています。これは、大きいと思います。

私はスポーツクラブでパーソナルトレーナーとして勤務していましたが、ここまで細かいことは一切学べませんでした。マシンの使い方を覚えるくらいで、それを使うことで身体がどうなるか、身体や筋肉の構造というところまで理解できていなかった。

そこまで勉強できているジムのトレーナーは、少ないのではないかと思います」

研修中、トレーナーも低糖質食事法を体験

トレーナーにとって、もうひとつ重要な知識となる低糖質食事法についても、栄養学など座学を徹底的に学ぶが、それだけではない。自ら実践していくのだ。平井氏はいう。

「自分で低糖質食事法をやりながら、何を食べたかなど、いろいろな記録をつけていきます。毎朝、体組成計に乗って、体重、体脂肪率、筋肉量、脂肪量など、身体が変化していく様子も自分で見ていきますし、心がどう変わっていくのか、ということも記録していきます」

自分自身が実体験することで、見えてくることがあるのだ。

「低糖質食事法を実践することで、身体が変わっていって、気持ちがちょっと前向きになってきたり、人前に出るのが楽しくなってきたりすることも、自ら体験します。

逆に、低糖質食事法をはじめて、あれが食べたい、これが食べたい、といった欲求が出てくることもあります。それもまた記録していきます。こうした状態がだいたい何日くらいで落ち着いていくのかということも、自分の肌感覚で理解していきます」

こうした経験を持つことで、ゲストの低糖質食事法をサポートしているときに、自分の実体験として話をすることができるのだ。

「『もう少し頑張りましょう』という言葉も、『私も、3日目の○△がけっこうつらかったんですよ』というひと言があれば、説得力を持ちます。『2週間くらい経ったら、ずいぶん慣れていきますよ』というひと言も、お客さまにきちんと届く言葉になります。それがわかっているから、研修中の低糖質食事法にトレーナーは真剣に取り組みます」

低糖質食事法は研修期間中にスタートするが、その後も続けるトレーナーもいる。その中で、低糖質食をいろいろ食べてみたり、ときどき糖質を入れてみて、身体の反応を見たり……と、自分の身体を使って、いろいろなチャレンジをしているケースも多いという。そして、そうした体験を、ゲストに情報として提供する。

また、担当するゲストの食事をチェックしたり、食べるものの相談に乗ったり、不安や悩みにも応えていくのもトレーナーだ。平井氏はいう。

「食事の写真を見れば、だいたいそれが何kcalくらいになるのか、パッと見てわかるようになっていきます」

しかし、多い場合には、十数人の担当ゲストを持つことになる。毎日のように、食事内容のメールが送られてきて、コメントをつけなければいけないのだ。

「正直、お一人おひとりにメールを返信するのは、かなり時間がかかります。

マニュアルのような言葉をお返しするのではなく、ゲスト一人ひとりに合わせて返信します。各々のゲストで食事のアドバイス方法も変わってきたりするので、考えるのは大変です」

ゲストへのトレーニング中は、急ぎのメールには対応できないので、食事に関しての相談はライザップのコールセンター「栄養サポートセンター」で受け付けてもらえる仕組みもある。それでも、トレーナーには、かなりの事務処理能力が問われてくるのだ。

そして、私の担当トレーナーだった伊藤氏もそうだったが、自分で食事やサプリメント、栄養や腸内環境について勉強し、ゲストに提供しているケースも多いという。

「旬の食材だったり、最近流行っているオイルだったり、こういった知識は研修には組み込まれていませんので、自分で勉強して得た知識だと思います。

健康や食事に興味のあるトレーナーが多いですし、自分で勉強していく姿勢をみんな持っていますね」


そのほか、ライザップでは、ある独自の取り組みにも挑んでいる。平井氏はいう。

「ライザップの中には、『WOW‼プロジェクト』という文化があります。

これは、お客さまに喜んでいただくためにサプライズを演出することです。手書きの手紙を書いたり、誕生日のときにスタッフの応援メッセージの入ったDVDをプレゼントしたりなど、いろいろなことをしています」

じつは私は、ライザップに通っている2カ月の間に誕生日を迎えた。

誕生日の週のセッションでは、トレーニングルームに入ると、そこにはまさかの誕生日プレゼントとバースデーカードが並んでいた。なるほど、これがWOW文化なのかと感心した。なかなかうれしいものである。

雰囲気のよさに魅かれ、入社を決意

実際のトレーナーはどんな人たちがなっていて、どんなことを考え、どんなことをしているのか。

トレーナーからキャリアをはじめ、現在は全国のスタッフの教育をするとともに、トレーナーとしての仕事も行う2人の話をお届けしておこう。

管野翔太《かんのしょうた》氏は27歳。2013年にライザップに入社し、トレーナーになった。大学でスポーツ科に通い、卒業後はほかのパーソナルトレーニングジムに就職していた。

「ミーハーで恐縮なんですが、あるアーティストがものすごく好きで、彼らが通っているジムだったんです（笑）」

スポーツ科で学んだものの、勉強を熱心にやっていたわけではなかった。就職後、そのことに気づかされることになる。

「1対1でお客さま担当をさせていただいたんですが、これはやっぱりちゃんと勉強しないとダメだということを痛感しまして。結局、1年足らずで辞めてしまいました」

退職から約1年間は、「勉強」に時間を費やした。独学で勉強したり、勉強会やセミナーに通ったり。

「最初は何を勉強したらいいか、わかりませんでした。単純に筋肉を覚えようとか、人の身体について理解しようとしたんですが、資格という目標を決めたほうが、取得のための教材があるのでいいと思って、資格を目指すことにしました」

それが、アメリカ・コロラド州コロラドスプリングスに本部を持つNSCAの日本支部、日本ストレングス&コンディショニング協会の「NSCA認定ストレングス&コンディショニングスペシャリスト」だった。菅野氏は資格取得に成功する。

「そこで、今度はアウトプットする場所を探しました。そこで出会ったのが、ライザップだったんです」

ライザップは開業から1年が過ぎ、トレーナーの大量募集をしていた時期だった。

「いまほどの知名度もなく、コマーシャルもありませんでした。『短期間で大きく痩せられる』ということをうたっていて、じつは正直、ちょっと怪しいなと思ったんですよね（笑）。大丈夫かな、と」

ほかの会社も受けながら、半信半疑で面接に臨んだ。

「いまの六本木店で面接だったんですが、店舗の雰囲気や、そのときの面接官の印象がすごくよかったんです。まだできたばかりで、これからいろいろなことをやっていくという雰囲気があり、たくさんチャレンジができそうだし、自分が試せると思って入社を決めました」

当時は、「他喜力」という言葉は知らなかったという。

「コミュニケーションが大事という認識は当時それほど自分の中にはありませんでしたが、単純に人と話すことが好きだったり、感謝されることがうれしかったりというのは、自分の性格としてありましたので、そこが採用につながったのかと思います」

心がけたのは、ゲストの話を「聞き切る」こと

最初に印象に残っているのが、研修だった。これまで独学で学んできたことを腹落

ちさせることができ、有意義に過ごすことができた。研修終了後の最初の配属店舗は大宮店。この店で8カ月過ごす。

「率直に楽しかったですね。たくさんのゲストを担当して、お身体が変わっていく姿を目の前で見ることができました。また、店のスタッフがとてもよかった。当時の仲間とは、いまも親しくしています」

前職でもパーソナルトレーナーをしていたが、ライザップはやはり違っていた。

「前はすべての情報を受動的に受け入れていたんですよね。でも、ライザップでは主体的に行動をするようになっていました。ライザップではスキルや知識、メソッドももちろん大事なんですが、それ以上に、『人の気持ち』の部分に重きを置いていたので、ゲストの方々の結果を出すことができたのだと思いました」

もちろん、だからこその難しさもある。

「ゲストが、このプログラムをゼロからゴールまでちゃんと実践できるようサポートしていく。そのために、トレーナーの力はものすごく問われると思いましたね。結果を出すには、信頼関係も重要です」

そこで管野氏が意識していたのは、聞くことだった。

「研修でもいわれることですが、『聞き切る』ということを大事にしていました。知識を持っていると、トレーナー側が正解を持っていることがほとんどですから、聞いている途中で答えてしまいがちです。でも本来は、すべてを聞き切った上で答えないといけないんですよね。ゲストに合わせたコミュニケーションをしていくということです」

ゲストが何を求めているのか、掘り下げて聞いていく。これこそ、まさにライザップの大きな特徴だ。

「何kg痩せたいのか、ということはじつは本質ではなくて、なぜ痩せたいのかを掘り下げていく必要があります。そこに本当のニーズがあるから。目的設定の重要性です」

10kg痩せるという目標だと、体重に目線があるので、ちょっと体重が落ちなくなったり、調子が悪くなったりすると、挫折してしまいかねない。だから、10kg痩せたい先に何があるのかを明確にするのだ。

「『ビキニを着たい』なのか、『結婚したい』なのか、『健康診断でいい結果を出したい』なのか。それをはっきりさせた上で一緒に進んでいくことがやっぱり重要ですね。

ゲストの中には、そこがはっきりしない方もいらっしゃいますが、そういうときは、一緒に考える時間をしっかりつくります」

だから、２カ月、３カ月と経ってゴールが見えてくると、喜びはひとしおだという。

「一緒に目的を共有していますから、うれしいし、楽しいですよね。そしてゲストが変わっていかれる。生活も変化していくんです」

担当したゲスト全員が、イメージした体重を達成！

大変だったのは、メール対応だったのだそうだ。内容を云々というより、もともとパソコンに慣れていなかったので、キーボードを打つのが苦手で時間がかかってしまったらしい。

「もちろん信頼いただくためには、トレーナーの努力は大切ですが、このトレーナーのいうことを聞いていれば大丈夫、という思考になったら、まず成功すると思います」

管野氏は、店舗でのトレーナー時代に60人ほどのゲストを担当したが、全員が入会時にイメージしていた体重をクリアしたという。

「信頼いただけず、食事にしてもトレーニングにしても、しっかり受け入れてもらえないのは、自分たちの責任だと思っていました。こちらのサポートが足りないということです。トレーナーはみんな、そう思っていると思いますよ」

ライザップの強さは、やはりゲストに寄り添うことだと語る。

「ダイエット方法は、じつのところたくさんあると思うんです。ネットを調べても、たくさん載っている。ダイエットができないのは、手段がわかっていないからではないんですよね。それを完遂する、やり切る何かが必要で、それがライザップではトレーナーやカウンセラーの役割なのではないかと思っています」

ゲストの「本気」が、つねに大きな刺激になった

もうひとり、川本裕和《かわもとひろかず》氏は28歳。2012年の入社だ。九州出身で教育学部の生涯スポーツ福祉課程に学び、熊本の公共施設に就職した。

「最初に就職したのは、市が運営する体育館でした。さまざまなスポーツ器具が置い

てあり、その使い方を教えるインストラクターをしていました」

川本氏は、大学時代にパーソナルトレーナーの資格を取得していた。インストラクターとしての仕事は楽しかったが、大勢に使い方を教える仕事では、その資格が活かせているとは感じられなかった。

「やっぱり1対1で教えたいという気持ちが高まっていったんです。それで、転職を決めました」

インターネットで募集を探し、見つけたのがライザップだった。ライザップが福岡に進出したばかりの頃だ。

「ビフォー／アフターの写真を大きく広告に出していましたので、どうしてこんな結果が出せるんだろうと興味を持ちました。こういう会社で仕事ができれば、自分のパーソナルトレーナーとしての力も上がっていくのではないかとも感じました」

そして、採用。入社して最初に衝撃を受けたのが、研修だった。

「教育担当の人が、もう完全な『プロ』という雰囲気だったんです。これはすごいところに来たなと思いました。研修の内容も新鮮でした。糖質を控えるというのは、自分の中にはなかった感覚でしたので。最初は大丈夫なのかと思いましたが、実際に結果が出ているわけです。自分がやったこともないのに否定するのはちょっと違うなと思って」

自分自身もやってみた。

「とくに体調不良が起こるとか、そんなこともまったくなく、体重がグッと減っていったので、驚きました。自分で実体験をしましたので、すぐに腹落ちしましたね」

短期間で本当にあんなに痩せられるのかということについても、自分自身の実体験から納得したという。

その後、福岡や大阪で約1年、トレーナーとしての仕事をした。

「仲間もそうですし、ゲストから教えていただいたこともたくさんありました。人間として成長できたな、と思いました。

前職では、来館される人の年齢層もけっこう高かったんです。トレーニング施設のすべてがそうなのかはわかりませんが、憩いの場みたいな雰囲気があった。正しいことを教えても、受け入れてもらえないんじゃないか、という気がして、あまり伝えていなかったんですよね。そこはちょっと自分の中では、モヤモヤしている部分でした。

一方、ライザップのゲストは、『痩せるために来ている』という明確な目標があるので、自分が思ったことを伝えることができるという楽しさがありました」

しかもライザップの場合、頑張りはゲストひとりだけで行われるわけではない。

「二人三脚で頑張りますから、トレーナーの自分も『一緒に頑張る』という楽しさがありましたね。ゲストは本気でプログラムに取り組んでくださいますから、われわれも本気にならないといけないという刺激を、つねにもらっていました」

ゲストの層は、幅広かったという。川本氏が担当した最高年齢は63歳。最年少18歳。男女は半々。


それにしても、「結果にコミット」のプレッシャーはなかったのだろうか。

「ゲストに最初から心を開いてすべてを語ってもらえるわけではないんですよね。でも、結果とともにだんだんと信頼関係ができている実感がありました。それは表情からもわかりました」

だから、気をつけていたことがある。

「それは、『自分から心を開いて話をするようにする』ということです。声のトーン、テンション、言葉遣いも意識していました。こちらが不安に思っていたら、おそらくその空気は伝わってしまって、ゲストも話しにくくなってしまう。

じつはもともと人見知りの性格なんですが、ゲストに合わせて自分のキャラを変えていたようなところもありましたね」

「誰かのため」だから、頑張れる

そうやってゲストとの信頼関係が深まっていくことが大きな楽しみだった。そしてそれだけに、最終日はつらかったという。

「最低でも2カ月間、ほぼ毎日メールのやりとりをし、体重がなかなか減らない停滞期も一緒に乗り越えていく。『それも、今日で終わりなんだな』という感慨は、どのゲストにもありました。

一人ひとりに感謝を込めて、最終日にはいろいろな話をするんですが、涙もろくて自分がいいたいことをすべていえなくなってしまうんです。だから、手紙に書いて渡したりしていました」

ライザップに入って、大きく変わったのは、責任を自分で強く意識するようになったことだという。だから、ゲストとの関係は濃くなるのだ。
「以前は、もし途中でゲストが来なくなってしまったり、結果が思うように出なかったりしても、自分は悪くないんじゃないかと思っていたんです。自分はやるべきことをしっかりやったじゃないか、と。

でも、ライザップに入って一番気づかされたのは、『そうじゃない』ということです。スキルや知識も必要だけど、ちゃんとゲストに寄り添わなければいけないということ。モチベーションやメンタルサポートの重要性を改めて教わりました」

ライザップのトレーナーは、ゲストの意識にまで踏み込むのだ。
「自分にスキルや知識があったとしても、では、その自分をゲストにどうやって受け入れてもらうか。そういったところまで含めてマネジメントするようになったのは、ライザップに入ってからですね」

もっとも忙しい時期は、同時に20人を超えるゲストを担当していたという。それでも、楽しくてしょうがなかった。
「自分がやりたいことをやっているという実感がありました。また、ライザップの同僚たちが本当に好きでした。仕事が好きでも、仲間たちがいまひとつであれば、辞めていたかもしれません。でも、ライザップではみんなが支えてくれた。同年代が多いこともありますが、みんな『ゲストのために』という思いを持っているんです。同僚たちと時には熱く議論することもありましたが、その『思い』がブレませんでしたから、嫌な気はしなかった。『誰かのために』という心があるから、頑張ることができたのだと思います」

そしてこれこそが、いいトレーナーになるための条件だと語る。

「『ゲストのために』という気持ちがあれば、自然に勉強をします。スキルやテクニックも、どんどん身につけようとすると思います」

実際、自ら努力を続けているトレーナーは多いという。

「いま研修担当をしていて、ライザップのトレーナーにとって大事なものとして伝えているのが、『人としてのあり方』です。『人間力』と言い換えてもいいかもしれません。このトレーナーと話していると元気がもらえるとか、楽しいなと思えたら、ゲストにとってボディメイク自体が楽しくなると思うんです。

だからこそ、『人としてのあり方』というものがとても大事なのだと、研修ではずっと伝えています」

現在、ライザップのトレーナーは600人を数えるまでになっている。

CHAPTER 5

ライザップの「あの広告」は、いかにしてできたか

練りに練ってつくられた、あの強烈なテレビCM

ライザップには営業部隊はいない。店舗にも営業担当はいない。集客を担っているのは、主として広告PR、および紹介だ。

そしてライザップの知名度を一躍、全国区にしたのは、やはりあの強烈なインパクトのテレビCMだろう。ダイエット前の姿とダイエット後の姿、「ビフォー／アフター」を短時間で描いた映像はお茶の間の誰もが鮮烈に記憶した。

同時にこのCMは、高好感度を持って受け止められた。2015年上半期のCM好感度ランキング（CM総研・東京企画）では、携帯電話会社のａｕ、ソフトバンクに次ぐ3位という快挙を達成。

すぐれた広告制作者に贈られる「ACC CM FESTIVAL」（主催：一般社団法人 全日本シーエム放送連盟）でも、赤井英和等出演のCMシリーズが「ACCゴールド」を獲得。香取慎吾出演のCMが「ACCブロンズ」を獲得した。

2016年に入っても、峯岸みなみ出演のCMがCM好感度ランキングの作品別の部門で5位（1月度後期調査）に入っている。

こうした一連のテレビCMやプロモーション、PRなどのマーケティングを統括している広報、渡辺華子《わたなべはなこ》氏に話を聞いた。

まず強調するのが、ライザップを短いCMで伝えることの難しさだ。

「ライザップがご提供できる価値を、いかに短時間でわかりやすくお伝えできるか。それができてはじめてライザップを理解してもらえますし、また『このサービス、面白そうだから、ちょっと調べてみようかな』と思っていただけます。その『伝え方』というのを、社内ではつねにもんでいます」

ライザップの「価値」は果たして何か。

これをたったひと言で説明することは、なかなか難しい。

「『自分のパートナーになってくれる優秀なトレーナーがいる』というのが、私たちとしては一番大きいと思っているんです。もちろんその前提としては、『結果にコミットする』『痩せられる』ということがあります。

では、トレーナーの魅力は何か。それは、ボディメイクを成功に導く『スキル』や

『知識』であり、ゲストに最後までやり切っていただくための『コミュニケーション能力』なんです」

ただ、これを前面に出したところで、ライザップを知らない人にはピンと来ない。この魅力は、ライザップをある程度わかってきてから、理解できるのだ。
「実際にライザップに通っていただければ、その質のよさはわかっていただけると自負しています。しかし、表面上でいくらそれをうたったところで、説得力はありません。それこそ、ほかのところもまねができてしまうかもしれない。だからこそ、『ライザップにしかない価値』を表現する必要があるわけです」

CMや広告の中で、「やっぱりライザップだ。ほかとは違う」ということをしっかり示せなければいけないのだ。
「でも、15秒、30秒のCMで伝えられることは、ものすごく少ないんですよね。また、1枚のグラフィック広告に入れられる表現も少ない。現場ではトレーナーやカウンセラーが、ゲストに最高の結果を出していただき、ご満足いただけるよう頑張っている。ゲストも体を変えるために頑張っている。その結果を『広告』という枠の中にどれだけ入れることができるのか、いつも頭を悩ませています」

こんな具合に、「どうライザップの『価値』を表現するのか」を考え抜いて生まれたのが、あの一連のテレビCM群であり、グラフィック広告だったのだ。

ライザップに通うことで起こるびっくりするような変化。身体だけではない心の健康も手に入れられる。人生が大きく変わっていくというキラキラしたイメージ。そして、清潔感や上品さ、洗練……。

それらを象徴したのが、あの広告表現だったのである。まさに、ライザップの神髄を示したものなのだ。

通販会社だからこその、広告へのこだわり

もともと広告に関しては、圧倒的なこだわりを持っていたのが、ライザップの親会社である健康コーポレーションだった。通信販売会社として急速に業績を伸ばしてきたが、その背景のひとつには広告への徹底的なこだわりがあった。

チラシ1枚取ってみても、安易につくることはしない。いかにお客さまに興味を持

ってもらい、満足いただけるかを徹底的に考え、試行錯誤する。

たとえば1つのチラシを配布するにも、クリエイティブを5パターンはつくったという。これについては、社長の瀬戸氏が語っていた。

「異なるクリエイティブ、異なる表現で5つのチラシをつくって、同時に展開するわけです。『ビフォー／アフター』の写真が大きく出たものや、『これで痩せました』という体験者の声が出たもの、など。そして、5つのチラシに、異なる電話番号を入れます」

そうすることで、電話での問い合わせの多い、つまり反応のよかったチラシがどれなのかを明らかにすることができる。

「同じ商品を扱ったものでもチラシの表現の違いで、2倍、3倍とレスポンスが違ってきます。重要なのは、『伝わり方』なんです。コミュニケーションは、『どう伝わったか』まで含めないといけない。

自動車のセールスマンだって、1カ月に1台しか売れない人もいれば、10台売れる人もいます。同じ商品なのに、です。それは、伝え方が違うからでしょう。相手への伝わり方によって、結果はまったく違ってくるんです。だから、それを徹底してやらないといけない」

テストマーケティングを経て、5つのチラシのうち、もっとも反応がよかったチラシを、今度は大きく増刷する。これを大規模に展開していくのだ。しかも、うまくいったからと、それだけでは終わらない。次々に新しいチャレンジをしていく。

ライザップで多くの人の体型や健康の悩みをなくしたい。人は変われることをきちんと伝えたい。そのためには、強いこだわりが必要だという。瀬戸社長はいう。

「そこまでやらないと伝わらないと思っています。そして、伝わらないと何の意味もないんです」

だから、無意味なイメージ広告を打つようなことは絶対にない。「伝わり方」に徹底的にこだわり、価値が伝わることを最重要視しているのだ。

媒体でも、どの雑誌でどのくらいの反応があったかといったデータをしっかりと取る。媒体ごとに問い合わせ先の電話番号を変えることで、そうしたデータを集めることができる。

「反応がよかったのは、どの雑誌だったのかをしっかり把握をするようにしています。このデータが、次に広告展開するときの優先順位をつける基準になります」

こうしたスタンスは、テレビCMでも同じだ。渡辺氏はいう。

「チラシほどのバリエーションはありませんが、微妙に変えています。多くの方にライザップで変わっていただいているので、映像をたくさん撮りだめていますし、CMでも伝わり方に徹底的にこだわっています」

ライザップのテレビCMにインパクトがあるのは、もともとのクリエイティブにインパクトがあるだけではない。ここまでのこだわりを持って広告に取り組んでいるということも大きい。

衝撃的だった初の「ビフォー／アフター」の撮影

ライザップの知名度を上げ、いまなお高好感度を誇るテレビCMだが、当初は大きなチャレンジだった。

いわゆるダイエットの「ビフォー／アフター」を短いCMで展開することは、BSなどの通販のチャンネルでは一般的だったが、民放キー局では必ずしも一般的ではなかったからだ。渡辺氏はいう。

「そのため、テレビCMを展開することそのものについて、広告代理店やテレビ局とずいぶんコミュニケーションをしました」

ところが、CMをスタートさせてみると、確実に反応があった。それなりの高価格帯のサービスにもかかわらず、だ。関係者は大きな手応えをつかんでいく。

渡辺氏は、ライザップの「ビフォー／アフター」CMの最初の撮影現場を鮮烈に記憶しているという。

「はじめてのCMは2013年6月でした。出演いただいたのは、一般男性と一般女性。この第1弾のCMは、現場で本当に衝撃を受けました」

いうまでもないが、「ビフォー／アフター」の撮影である。痩せる前の姿も撮影をしなければいけない。そして2カ月後、ライザップでのプログラムを終えた姿を、再び撮影するのだ。

「まだライザップの知名度は高くありませんでした。そもそも、CMに出てくれる人を探すところからはじめなければいけませんでした」

いまでこそ、これまでのライザップのCMを見れば、出演した場合に何をするのかイメージすることができる。ところが当時は、それがなかった。

「いったい何をさせられるのか、よくわからないわけです。オーディションを行いましたが、人が集まりませんでした。キャスティング会社やリサーチ会社にもお願いして、CMに出てくれる人を募集するんですが、なかなか見つからない。そんな中で、ようやく出演をOKしてくれる人が現れたんです」

30代後半の男性だった。

「まずは、ビフォーの撮影をするわけですが、はじめてでしたので、撮影クルー含めて、みんなが戸惑っていましたね」

通常、テレビCMに出てくるのは、スターやモデルたちである。キラキラと輝いた人たちを撮影するのが当たり前の現場なのだ。ところが現れたのは、お腹がややでっぷりとした一般人の男性。しかも、撮影のため上半身は何も身につけていなかった。

「その方が入ってきたとき、正直、『ちょっとこんなの見せたくないよね』という雰囲気が漂っていました。ご本人も、本当に自信がないように見えました。ビフォーの撮影のとき、大げさでなく、自信のない姿でカメラの前に立ってくれていました。

その姿を拝見しながら、2カ月後、彼が絶対に変わっている姿を想像して、心の中で応援していました。必ず成功させてあげたいと思いました」

そして2カ月後。ライザップでのプログラムを終えたその男性の「アフター」の撮影の日。渡辺氏は今度は、別の意味で衝撃を受けることになる。

「『あの人は誰ですか?』というくらいに、別人のような男性がスタジオに入ってきたからです。EXILEかというくらいの雰囲気が漂っている。それこそ、オーラが違っていました。表情に自信が満ちあふれていて。さらに、カメラが向けられると、すっかりスターになり切っているんです。

人はこんなに変われるんだ、と思いました。これは、自分の中でも本当にショッキングな出来事でした」

1年後や3年後ではない。たった2カ月なのだ。2カ月前に、イケているとはいえなかった男性が、すっかり変貌してしまっていたのである。改めてライザップのすごさを、このときに渡辺氏は知った。

逆に新たな心配が頭に浮かぶ。

「本当にびっくりするくらいの変化だったので、社内でも議論になりました。『別人に見えちゃうんじゃないか』とか『CGだと思われちゃうんじゃないか』など。

そこで、社員みんなで何度も見て、あれやこれやと「ビフォー/アフター」の並びを変えたり、『同じ人に見えるには、こんなふうにしたほうがいい』なんてことも考えたり。

そうしたやりとりを経て、ようやくこれで行こうと決めたんですが、できあがったCMをはじめて流すときには、やはり緊張しました」

はじめてのテレビCMもテストマーケティングのデータをしっかり取った。結果は大成功だった。大きな反響を得た。

さらに、ネットのポータルサイトも映像ニュースとして取り上げた。

「『まるで別人に見えるCM』みたいな取り上げられ方でしたが、これはうれしかったですね。大きな話題にしてもらえたからです。実際、加工もしていませんし、CG

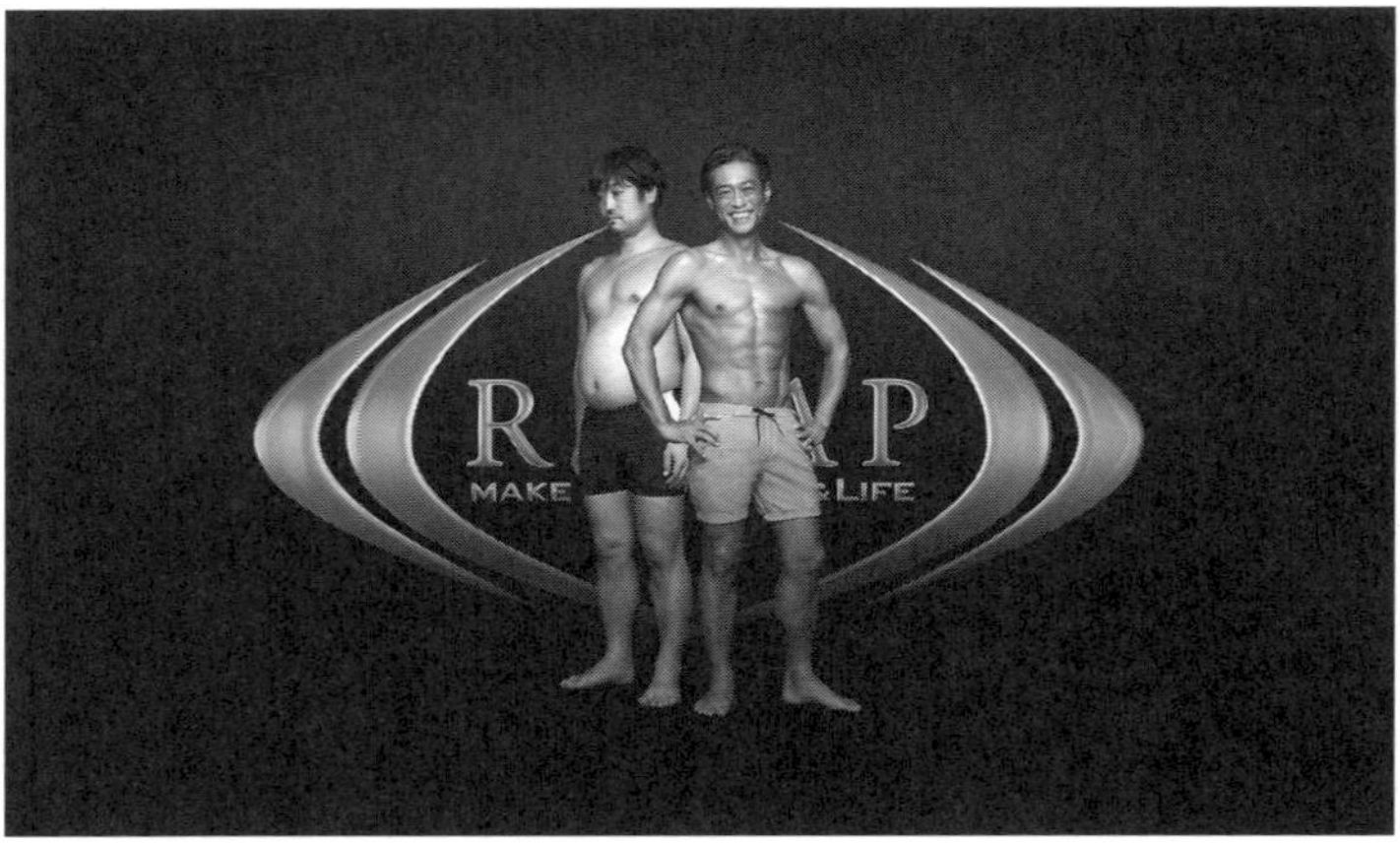

ライザップCMの第1弾目に登場したゲストの「ビフォー／アフター」

も使っていませんし、真実をシンプルに伝えただけだったんです」

ここから、ライザップのCMシリーズがはじまっていく。

赤井英和出演のCMで問い合わせが殺到

2013年12月末、赤井英和が出演するCMがスタートすることになる。

「赤井さんは、ティーザー広告（断片的な情報だけを流し、消費者の興味を引きつける広告手法）からはじまりました。目の部分だけが出てくる映像でした。

これにはずいぶん期待値が上がったようです。年末にこのティーザー広告を展開して、1月から赤井さんが実際に出てくるCMをスタートさせました」

赤井英和のCMはかなりの好評を得た。CM好感度が一気に上がった。同時に「入会してみたい」「問い合わせしてみたい」という声が、このとき大きく跳ね上がったのだという。

「一般の人ではなくて、身近な有名人が出てきたことが大きかったのだと思います。

知っている人がライザップのトレーニングで大きく変わったという興味関心ですね」

赤井をCMに起用したのは、ライザップ、赤井の双方の思いが一致したことが大きかった。ライザップは「ビフォー／アフター」に出てもらえる芸能人を探していた。これがなかなか難易度が高かったのだという。

一方で赤井は元プロボクサー。昔のような身体にもう一度戻りたい、という思いが強かったのだそうだ。ボクサーとしてシニアの大会に出てみたい、という考えもあったのだという。


ライザップの広告づくりは、このあたりから、「消費者の方に共感いただけるもの、面白いものを意識していこう」という思いが強くなっていたという。そこから出たアイデアが、外国人に出てもらうことだった。

そして、赤井にはじまるこの一連のシリーズ広告が、CM好感度ランキングで3位を獲得することにつながり、先述のACCの賞の受賞ももたらした。

「ただ、難しいのは、コンテンツとして面白いものは、それはそれでいいんですが、今度はエンターテインメント性が強くなってきてしまったんです。そうすると、ライザップのＣＭはエンターテインメントだと思われてしまいかねない」

ライザップが期待していたのは、ＣＭを見てもらったあとに、自社のサービスに興味を持ってもらったり、いろいろと調べてたり、問い合わせをしたりというアクションに移してもらうことだった。

「ところが、エンターテインメント性に向かってしまうと、『ライザップの新しいＣＭが出ているよ。ウケるね』だけで終わってしまいかねないわけです。しかも、ＣＭを見て、ライザップへの問い合わせではなく、『自分でダイエットをはじめる』という行動を促してしまうこともある。そういう傾向が調査では出てきていたんです」

広告というのは、一筋縄ではいかない。ただそれは、打ち出した広告の効果について、ライザップが徹底的に追跡していったからこそ、見えてきたことでもあった。

「結局、『そこで伝えるべきことは何か』にしっかりフォーカスしていかなければいけないということです。そもそもひとりでダイエットをして、成功できるのか。三日坊主で終わらないのか。

ライザップならパーソナルトレーナーがいるわけです。ＣＭや広告では、消費者のみなさんが知りたいこと、ライザップのパーソナルトレーナーはこういう存在であり、こんなふうにあなたをサポートできるのだ、というところまできっちり伝えていかないといけない」
ライザップのクリエイティブ表現は、いまも模索が続けられている。

香取慎吾の出演で好感度が一気に上昇

赤井英和以降のライザップの芸能人CM出演で大きなインパクトをもたらしたのが、国民的な人気グループ「SMAP」の香取慎吾の登場だった。2015年の春のことだ。

ジャニーズのタレントを起用したことが、ライザップの存在をより身近にしたことは間違いない。

「芸能人でCMにトライしてくれる人がいないか、探し続けていました。そんな中でご紹介をいただいたのが、香取さんでした」

アイドルタレントとして長く活動していただけに、身体は引き締まっている。「ビフォー／アフター」という形での登場は必要がなかった。

「それでもライザップで、さらに引き締まりましたね。ライザップに通うことをご本人もかなり楽しんでおられました」

見るからにストイックな印象のスターである。やると決めたら、とことんやる。そんなイメージが浮かぶが、実際にそうだったらしい。

偶然、CMに出演している頃にテレビ番組でライザップについてコメントしているのを見たことがある。

「たくさん食べられることに驚いた」と語っていた。肉好きで肉は食べていいと聞いて、かなりの量の肉を食べていたとのことだった。さすがに肉を食べ過ぎて、トレーナーからストップがかかったという話もあった。

「国民的なアイドルのおひとりで、笑顔は素敵ですし、中高年からもかわいい存在として見られていますす。親近感がとても強い存在ですから、ライザップとしては、それまでのCMでは足りなかったイメージを補完するのに、ぴったりの存在でした」

その後、ライザップの知名度をこれまた上げることになったのが、CMではないが、テレビ番組の企画でライザップに通うことになった、ナインティナインの岡村隆史だ。

「27時間テレビに向けた特番の企画でした。どこまで痩せることができるのかというテーマで、何週にもわたって、ライザップが出てきました」

お笑いタレントだけに、何でも笑いのネタにしてしまうということもあったのかもしれない。実際、「キュウリばかり食べさせられている」という発言をし、笑いを取っていた。

渡辺氏自身、ここで、CMとはまた異なる、テレビ番組の影響力の大きさを改めて知ることになったという。キュウリの話が、どんどん広がっていってしまったのだ。

「実際に、キュウリばかり食べていただいたわけではないんですよ（笑）。ただ、岡村さんがそのお話をネタにされていたので、ずいぶんキュウリのイメージがついてしまいました。

ちょうどその頃、出版社の編集者の方々とご一緒する機会があったんですが、『ライザップはキュウリばっかり食べなければいけないんですよね』と聞かれてびっくりしました。本当に信じられてしまうんですよね。そんなことはまったくないです、としっかり否定をしましたが」

キュウリをネタにライザップに通っていたことも笑いにしてしまっていた岡村だったが、結果的に約4・5kgの減量に成功している。

キュウリをめぐる多少の誤解はあったとはいえ、ライザップの痩せる効果はしっかりとお茶の間に伝わった。

生島ヒロシの登場で、シニア層にも知られる存在に

ライザップのCM出演者はこのあと、さらなる進化を遂げていく。象徴的なのが、生島ヒロシの登場だ。60代のアナウンサーの生島が、腹筋の割れた姿で登場したCMは、これまた大きな話題となった。

背景にあったのは、シニアのライザップ利用者が増えていたことだ。先にも触れたように、シニアはダイエットとはまた別のニーズがあった。長い老後生活を健やかに過ごすため、筋肉をつけたい、生活習慣自体を見直したいという声がたくさんあったのである。

「生島さんは、50代、60代をターゲットにしたラジオ番組を持っておられて、大変な人気があるんです」

じつは渡辺氏の60代の母親も、リスナーのひとりだったという。また、通販についても、大きな反響のある番組だった。

「リスナーには、健康情報を求めている方が多いんです。実際、お医者さまもたくさんゲストで出演されていました。

生島さんご本人も、メタボリックシンドローム予備群になりかけで、それが生活習慣病のリスクを高めるという事実をよくご存じでしたので、ご自身の健康状態には、とても敏感でした。

実際、ライザップを経験された多くの方々で、見た目だけでなく健康数値への変化が出ています。たとえば、中性脂肪が２８４㎎／dL減った、総コレステロールが70㎎／dL減った……などです。ひとりでは改善しにくい生活習慣病などに関連した数値が下がるんです。

そこで、健康面で悩んでいる方に、生島さんのリアルな言葉で発信していただきたかった」

生島本人からは、ライザップのプログラムをやるのであれば、健康数値の改善に加えて、腹筋が割れるレベルまでやりたい、という要望があったのだそうだ。実際、本人も真剣に取り組んだ。

「生島さんの登場で、『ライザップというのは、どんなところなのか』『パーソナルトレーナーというのは何なのか。どんなことをしてくれるのか』といったお問い合わせを多くいただきました」

峯岸みなみで伝えたかった、ボディメイクのライザップ

その後、やはりCM好感度ランキングで上位に入ることになったのが、元AKB48の峯岸みなみのCM登場だ。

アイドルタレントがライザップでボディメイクに成功したことが、これがまた大きな話題となったのだ。20代のターゲットに向けての、ストレートなアプローチだった。

「峯岸さんは、もともと太っていませんでした。ただ、ご本人は、お腹まわりのフォルムを気にされていたようです」

一見すると太っているようには見えなくても、いまより一段、二段上の高みを目指

すために、ライザップに通う人はじつは少なくないのだという。

「単に『体重を落とす』ことが目的ではなく、お客さまが目指したい理想の姿を手に入れていただくことができるというのが、ライザップです」

「お腹まわりだけ落とす」「美脚にする」「姿勢や体型を整える」「筋肉をつけて、体を大きくする」など、ライザップにできることはたくさんある。それを峯岸の登場では伝えたかったという。

「足にしても、筋肉のつき方ひとつで見え方はまったく変わったりします。ライザップは、一人ひとりのゲストの目的に合わせた結果を出すことができるとお伝えしたいと思いました」

見る人に元気を与えた森永卓郎のCM

そして2016年、ライザップのCMに登場して大きな話題になったのが、経済評論家の森永卓郎だ。約20kgの減量に成功し、印象が大きく変わった姿は、お茶の間に驚きを持って迎えられた。

もともとはテレビ番組の企画で、ライザップで痩せたい人が手を挙げ、その中から視聴者が誰に痩せてもらいたいかを選ぶというものだった。森永は周囲から手を挙げたほうがいいとアドバイスされ、結果的に視聴者から選ばれることになったという。

森永に決まったとき、まずライザップ医療チームのもとに、森永の状況が報告された。それを聞いて、ライザップ関係者は驚くことになる。これはご本人がすでに語っているのでここで書くことにするが、糖尿病を患っていたほか、1日5食の食事をするなど、生活習慣にもかなり心配な部分があったからだ。

そこでライザップでは、管理栄養士やトレーナーとともに、医師、看護師も参加する専門チームを発足させた。

そんな状況からの約20kgの減量。見るからに不健康そうだった風貌は、すっかり精悍に変わった。「やってよかった」という本人の声もあったという。渡辺氏はいう。

「森永さんの場合も、ご本人の年齢を考えても、じつはシニア層からの反響が大きいのではないかと感じていました。ところが、そんなことはなくて、30代、40代からのお問い合わせがものすごく増えたんです。

『森永さんにもできたんだ。もしかしたら自分にもできるかもしれない。自分にもチャンスはあるかもしれない』という思いにつながったのだと思います。

森永さんがライザップを体験してくださったことで、多くの方々に勇気を与えられたということです」

じつは、「ライザップのCMを見て元気になれた」という反応は、森永のCMに限らず、多いという。

「ライザップのCMが、『人生をもっと頑張ろう』という励まし素材になっているという声はよく聞きます。ダイエットに成功して、人生が大きく変わったという人たちの輝く姿が、人々の大きな励ましになる。とてもうれしいことです」

なんと撮影するのは、世界的なファッションカメラマン！

ライザップの広告に初期からずっと関わっているのが、人気写真家で、シンガポール出身のレスリー・キーだ。

「峯岸みなみさんが、鏡の前でポージングをしているCMがありますが、この映像でカメラをまわしているのが、レスリーさんでした。はじめての映像カメラワークでした」

浜崎あゆみやレディー・ガガ、松任谷由実など著名人を撮影したことで知られる。「ヴォーグ」などのファッション誌でも撮っており、彼に写真を撮ってもらいたいという女性はたくさんいるという。

興味深いのは、そんな著名な写真家が、ライザップで初期からの「ビフォー／アフター」写真を撮っていることだ。

「レスリーさんの撮影は、やはり衝撃的ですよね。おそらく、レスリーさんはそんな写真を撮ったことはなかったと思うんです。なので依頼した当初は、本当に申し訳ない気持ちでした。

ところが、撮影現場では、『そのお腹をちょっと触ってみて』なんていいながら、楽しんで撮影してくれていました」

撮影現場では、現場に音楽を持ち込み、その人に合わせたテーマ音楽を決めて、盛り上げながら撮影をしていく。それに引き寄せられて、撮られる側からはいろいろな面が引き出されていく。

「レスリーさんのこうした撮影現場での『オモテナシ』が、アフターでのみなさんの表情を自然体にしていくんだと思います。撮影を通じて、みなさんが『いまの私を見て！』と輝いていくんです」

グラフィックも含め、「ビフォー／アフター」の素材はすでに50を超えるまでになっているという。２０１６年の夏からは、これまでとはまた異なる、新しい広告展開も待ち構えているそうだ。

多くの人々に「最高の舞台」を提供したい

ライザップ開業以来、広告に携わってきた渡辺氏だが、いまなおＣＭの撮影現場は感動するという。

「現場で泣いてしまうことも少なくないですね。涙もろいので」

ペアセッションで結婚を控えたカップルの「アフター」撮影があったという。衣装はウェディングドレス。

「ビフォーの姿も知っているわけですよね。それがアフターですっかり変わられているわけです。びっくりするくらいに。そこにはなんともいえない幸せオーラが出ていて。CMの撮影現場にはBGMが流れていて、そのときは木村カエラさんの『バタフライ』」

その音楽に乗って、女性はイキイキと笑顔を見せていく。

「いま、この瞬間、最高に幸せでしょうと声をかけたくなるくらい輝くんですよ。花が咲いているみたいに。それを周囲のスタッフがみんなで拍手しながら盛り上げていく。担当したトレーナーも、感激して涙ぐんでいる。ゲストをここまで変えることができたことで、全員の絆が強くなるんですね。そんな様子を見ながら、この幸せな瞬間に立ち会えることが、私にとってのモチベーションなんです」

そして、こうしたシーンを見ているからこそ、どうすればこの感動を多くの人に伝えることができるかを必死で考えるのだという。

「CMの撮影現場でキャラバン隊を組みたいくらいです（笑）。これをみんなに見せたい。体型が変わるだけでなく、表情も大きく変わっていく。人が変われるってすご

ライザップの広告撮影の風景

いと心から思います」

それは、ライザップが2015年からはじめた「ボディメイクグランプリ」の舞台でも感じたという。いろいろな思いや事情がある中で、ボディメイクに成功したゲストたちが、グランプリを競うというものだ。

「トレーナーと二人三脚で目標を達成し、グランプリの舞台に立ったときの感動は、ひとしおだと思います。

これからも、多くの方々に『最高の舞台』を提供していきたいですね」

じつは渡辺氏自身、「変わった経験」を持っている。彼女もまた、ライザップ開業前の社員モニター10人のうちのひとりなのだ。そして、開業時の広告で「ビフォー／

アフター」写真に登場もしている。

「7kg瘦せました。体脂肪も落ちましたね。その期間中、食事も、トレーニングもものすごく楽しかった。そして何より、自分がどんどん変わっていくのが楽しかったんです。ハマってしまって、もっと究極に行きたいと思ったり。最後はトレーナーになろうかとまで思いましたから（笑）」

甘いものが好きだったが、食事の習慣は大きく変わった。

「2カ月で180回分の食事をトレーナーに送るプロセスで、自分の食生活を大いに見直すことになりました。しかも、しっかり食べないといけないのがライザップであり、そのための食生活をトレーナーがきちんと設計してくれましたからね」

じつは自身が、人生を大きく変えてもらったひとりだったのである。

CHAPTER 6

これからのライザップは、ダイエットの先にある「健康」へのコミット

ライザップが持つ5万人強のダイエットデータ

「体と心に輝きを」を理念に掲げ、ダイエット領域で大きな成果を挙げて注目を浴びているライザップ。そんなライザップがいま、もうひとつ力を入れようとしていることがある。

それが、「健康」への取り組みだ。

ライザップは現在、医療連携事業を押し進め、IRやホームページ上でも積極的に情報発信している。また、現在、ライザップにゲストとして通う医師は300人を超えている。この推進役を務めるのは、通信販売会社の執行役員から転身してきた鶴純《つるじゅん》也《や》氏である。鶴氏は語る。

「ライザップのもともとのコンセプトは、『ダイエット』や『ボディメイク』『痩せる』というものでした。

そこからひとつ踏み込んで、痩せた結果どうなるのかということを深掘りしようという取り組みを、ライザップは早くから進めていたんです」

単に痩せるだけでなく、健康やヘルスケアの領域でのライザップの役割は何なのかを、改めて考えるようになっていったというのだ。

「日本の医療費はすでに40兆円に達しています。大変な金額です。しかし、いまのまま何もしなければ、この数字が止まることはない。

この社会的な大きな課題に対して、自分たちも何かできるのではないかと考えたのです」

その取り組みのベースとなるのが、事業スタート以来、蓄積してきた健康データだ。ライザップには現在、累計で5万人を超える会員がいる。会員の匿名性をしっかり担保した上で、ライザップはこのデータの分析を押し進めてきたのだ。鶴氏はいう。

「ゲストの方々の痩せる前のビフォーと痩せたあとのアフターの数値データは、極めて貴重なデータです。健康を解析するための、いわゆるビッグデータになると考えています」

「結果にコミット」から「健康にコミット」へ

データ分析を押し進める中ではっきりしたことは、「ライザップのメソッドは確実に痩せる効果がある」ということだ。そして、肥満が健康にもたらす弊害は医学的にいくつものエビデンスがあり、痩せて健康になる人は明らかに増えているのである。

「そのことは数値上でも表れています。体重、体脂肪率、ＢＭＩといった数値も重要ですが、大事なことは身体の中がどうなっているかです。

そこで現在、ゲストに協力していただいて、医療機関と提携をしながら、さらにデータ分析を押し進める取り組みがはじまっています。たとえば、血液検査の数値データの比較。これを分析すると、ライザップによって見事に改善していることがわかったんです」

ライザップでダイエットしたゲスト19名にメディカルチェックを行ったところ、平均して12週間で血糖値が13・6％減、8週間で内臓脂肪が34・5％減、皮下脂肪が

30・5％減となったという。つまり、高血糖の改善予防、メタボ改善の効果があったというのだ。

「あとは血圧です。収縮期血圧と拡張期血圧がありますが、収縮期の血圧でマイナス17・5、拡張期でマイナス10・5と、血圧降下が確認されました。それ以外にも、中性脂肪が65・6％減と、健康基準値内に改善しました」

そしてもうひとつ、重要な要素があった。身体が痩せることによって、心が安定していったということだ。

「メンタル面でも「WHO SUBI（心の健康自己評価質問調査）」という調査を行いましたが、自身の幸福感の高まり、前向きさ、やる気やコミュニケーション改善など、改善している数値が出ていました。ライザップは『心と体に輝きを』という理念を掲げていますが、やはり身体だけではなく、身体が変わることによって内面も輝いていったことがわかりました。

適度な運動は、脳内に『幸せホルモン』と呼ばれる脳内物質、セロトニンの分泌を促し、気持ちをポジティブにしやすくするともいわれてきました。こうした、これまで考え方として言葉にされてきたことを調べることで、事実として明らかになっていっています」

今後は、こうしたデータ分析をさらに押し進めて、いわゆるエビデンスをたくさん蓄積し、未来につなげていきたいと語る。「結果にコミット」「ダイエットにコミット」というライザップのイメージはすっかり認知されるようになっている。これからは、「健康数値の改善にコミット」することを打ち出していきたいという。


健康数値をしっかり捉えていくという取り組みは、ライザップの信頼性の向上にも、もちろんつながる。

「ライザップというと、『厳しいトレーニングをさせられ、無理矢理に低糖質食をやらせる、非常に危険なトレーニングなのではないか』というイメージを持っている人がいます。エビデンスも何もない危険極まりないプログラムなのではないか、と。

しかし、実際のライザップは、そうではない。ライザップのプログラムは実際に安全だし、健康数値を改善できている。そのことを、改めて立証したいという思いがあるんです」

鶴氏は人材会社に声をかけられての転身だったが、ライザップのイメージは、入社してから大きく変わっていったという。

「印象的だったのは、社員みんなが本当に真面目に前向きに、一人ひとりのお客さまに対して、『何ができるか』ということを真剣に考えているということです」

一方で、急成長をしている会社だけに心配もした。

「足元をしっかり固めないといけないということです。本当に素晴らしい理念を持っている会社なので、世の中から愛され尊敬されるような企業になっていくためにも、自分たちがやっていることを、しっかり世の中に伝えていかなければいけないと感じました」

大学等との共同研究がスタート

そのひとつとして、現在、取り組みはじめたのが、大学や医療機関と共同での臨床研究である。

「共同研究について明らかにできるのは、まだ東海大学、筑波大学だけですが、これ以外にも大学と共同での臨床研究はすでに複数案件が動いています。それらで出た治験や結果に関しては、しっかり論文化して、運動、健康、肥満、病気に関するいろいろな学会で発表していきたいと考えています。

ライザップのプログラムはとても理に適っていて、かつ結果が出るということを、もっともっと世の中に伝えていく。それが、われわれの大きなミッションのひとつになっています」

共同研究は予想を超えるスピードで動いているという。

「共同研究となると、産学連携の窓口として大学の承認を得て、きちんとした契約書を交わしてからになります。契約には半年、1年かかるところですが、立て続けに決まっています」

テーマは多岐にわたる。内臓脂肪の減少効果、血糖値やHbA1c（ヘモグロビン・エイワンシー）の値の変化、心理変化、血液データの変化、メタボに関連する生活習慣病、脂肪肝の解消、心筋梗塞リスク……。

「もうひとつ、極めて興味深いことがあります。世の中にはすでに低糖質食に関する研究はあります。また無酸素運動に関する研究もあります。いわゆる『筋トレ』に関する研究です。そしてそれぞれのエビデンスもたくさんあるんですが、これらを組み合わせたエビデンスはまだないんですね。

ここにもたくさんの大学からの興味関心が集まってきています。これまでこんなことをやっている集団はなかったからです。それをライザップが大規模にスタートさせた。そこに興味を示し、共同研究をしたいという声をたくさんいただいています」

ライザップは、世界中のあらゆる減量・ヘルスケアサービスの中で、自らがもっとも結果を出せることを明らかにし、さらに進化して続けるために研究を行っているという。

提携する医療機関は、いまや100以上に

ライザップと医療との関わりのもうひとつとして、医療機関との提携もある。これは、現在大きく拡大しており、提携施設はすでに100を超えている。

ライザップでは、開業時から安全には配慮してきた。顧問医師を置き、入会を希望するゲストに健康上の不安点があれば、随時、相談する体制をつくっていた。そして、安全にプログラムを押し進めていくために、医療機関に助言をもらう仕組みをもっと

もっと確立させていかなければいけないと考えた。

そこで現在では、入会時に必要であれば、提携している医療機関で受診をしてもらうような体制ができている。

これには、医師の側のライザップに対する認識の変化があるという。

「肥満の方が痩せることによって健康数値が改善することはわかっていても、その手段としてライザップで痩せることが本当にいいことなのか、疑問に思っておられた医師の方も多かったのだと思います。

ところが、それがじわじわと変わっていきました。『おや、これはちょっと違うぞ』と、医師の方々が気づきはじめてこられたのだと思います」

医療機関と提携関係においては、「入会時に必要であれば受診をしてもらう」というライザップ→医療機関という流れだけではない。医療機関を受診した患者の中で、「痩せたほうがいい」という人がいた場合に、ライザップに紹介するという、医療機関→ライザップという流れもある。

「どうしてライザップと医療機関が提携するのか。

じつは相互補完の関係なんです。

医療機関というのは、極論すれば、病気になった人が行くところです。そこで何が行われるのかというと、対処療法です。病気を治す。そのために、薬を処方したり、手術をしたりする。これが病院の役割です。

ところが、これだけでは治らないという人も、やっぱりいらっしゃいます。たとえば、生活習慣病やメタボの方の場合、生活習慣を改めないと、改善することはなかなか難しい。ライザップはそれを変えることができるのです」

これがライザップと医療機関の「相互補完」の意味するところだ。

医療機関は、そうした患者に対して、「もっと痩せないといけない」と指導することはできる。しかし、実際にダイエットに取り組むかは本人次第である。

「自分の健康は大事ですから、お医者さんにそういわれたら、痩せようと努力する人もいます。

しかし、ひとりで続けることは難しいですし、やり方がわからない方もいらっしゃいます。ダイエットをしようとして結局はあきらめる、を繰り返し、悩んでいる人も少なくないんです」

だから、ライザップを活用してもらうのだ。

リバウンド防止に役立つのは、「運動」より「低糖質」の習慣

ダイエットを成功させるためには、生活習慣の改善を定着させること。これができるのが、ライザップなのである。

実際、ライザップのプログラムが終わったあとにリバウンドした会員はわずかだったというデータ結果は、すでに紹介した通りだ。それは、生活習慣の改善が定着したことが何といっても大きいだろう。鶴氏はいう。

「ライザップのプログラムが終了した1年後も、82％の方が、『糖質を意識している』と答えました。『運動を意識している』という人も、61％でした。1年後も意識づけができているということです。糖質・運動・リバウンドの相関関係について、大学で解析してもらっていて、『運動』への意識よりも、『糖質』への意識が高いほうが、リバウンド防止により役立つとのことでした。

ライザップのプログラムの一番の強みは、この行動変容を『徹底できること』なん

です。そしてこれこそ、他社が絶対にまねできない部分だと思っています」

なぜなら、この行動変容を支えているのが、トレーナーのクオリティーだからだ。

「低糖質を続けると低血糖になり危険だ、という意見もありますが、ライザップではトレーナーの指示のもと、きちんと期間を決めて行います。減量期間中だけ、しっかり糖質量を管理するということです」

ライザップは現在、数多くのクリニックと医療提携を行っているが、そのうちのひとつで、肥満に悩み、痩せたいという患者のために、医師自身が医院に「メディカルフィットネス」というものを併設していたところがある。

だが、なかなか思うような結果が出せずにいた。そこで、「結果にコミットする」というライザップに興味を持ち、提携することになったという。

「こちらのクリニックさんからは、たくさんの患者さんをご紹介いただいています。実際に高血圧、高脂血症、肝機能障害のお薬を5種類も飲まれている患者さんが、ライザップのプログラムを通して大きく痩せられました。さらに、血液検査の結果がよくなり、いまはもう薬は飲まれていないそうです」

医療機関から患者が紹介される。ライザップはそんな存在になっているのだ。

各店舗に「メディカルトレーナー」を常駐させる

こうした医療提携の動きが加速していく中で、ライザップの側も新たな取り組みを押し進めている。鶴氏はいう。

「ちょっとかっこいいいい方をしてしまうと、『チームヘルスケア』をいま、押し進めています。医療機関ではよく『チーム医療』という言葉が使われます。医者と看護師と管理栄養士で、チームを組んで患者さんに向かっていく。

同じように、カウンセラーとトレーナー、管理栄養士、さらにはライザップには看護師もいますし、提携医療機関と医師も含めて、その地域においてのチームヘルスケア体制をつくっています。

医療機関からの受け入れ、あるいは、入会希望者の必要に応じての医療機関受診、医師からの注意事項を受けてのトレーニング開始……という流れの中で、必要なものを整備しているのです」

そして、2016年、新たに加わったのが、メディカルトレーナーという存在だ。各店舗に、最低でもひとりずつの配置を進めているという。

「ライザップのトレーナーでも、医師に指示された内容があれば、それをきちんと遵守してトレーニングを押し進めることは十分にできます。それに加えて、医学的な知識、疾患者の禁忌事項などをより詳しく学べる教育制度をつくり、よりしっかり対応していける存在として、メディカルトレーナーがいます。

彼らは、何かしらの疾患を抱えたシニアの方や病院から紹介していただいた方、生活習慣病予備群の方や生活習慣病の方などが、より安全にトレーニングでき、健康な状態に戻っていけることを支援する、という役割を担っています」

「健康」にフォーカスしたプログラムも開発

そのほか、健康に関連した新しいプランもいくつかはじまっている。そのひとつが、「メディカルチェックプラン」。

人間ドックを行っている医療機関と提携して、人間ドックとライザップのプログラムをパッケージングしたサービスを提供しよう、というものである。鶴氏はいう。

「医療機関は基本的に病気になった人が行くところですが、検診機関や人間ドックは、病気を発見しに行くところです。いわばこれは、出発点でもあるわけですね。そこで、この出発点に、ライザップのプログラムを組み込むことを考えたのが、『メディカルチェックプラン』なんです」

まず、人間ドックで検査をしてもらうところから、このプランはスタートする。心疾患、脳疾患、ガンなどをしっかり診てもらったあと、何もなければ、そのままライザップのプログラムに入り、健康維持や身体機能の向上を図っていく。

もし、何か疾患が見つかった場合には、医師の指導のもと、安全性を担保した形でトレーニングを開始する。万が一、重篤な疾患が発見された場合には、プログラムはいったん中止して、治療にまずは専念する。より本人に合ったプログラムが提供されるようになるプランだ。

「端的にいえば、人間ドック+ライザップです。提携医療機関の第1号になった有吉クリニックのほか、東京で1施設、すでにスタートしています。ダイエットを目的にライザップに来る方がいまはほとんどですが、今後は健康管理や健康維持を目的に、おいでいただく方も増えていってくだされればと考えています」

新しいプランのもうひとつに、シニア向けの健康プログラムがある。これもすでにスタートしているという。鶴氏は続ける。

「シニアの方でご要望が多いのは、筋力の低下への対処なんです。身体機能の維持・向上を目的に来られる方が多い」

何もしなければ筋肉は落ちていく。年を経るごとに、確実に身体機能は衰えていくのだ。それに対抗するには、筋肉を維持したり、増やしたりしていくことを自ら意識していくしかない。

「その意味で、シニアの方の場合、低糖質食事法よりも、むしろタンパク質と糖質を、上手に摂取してもらうことが重要になる。ライザップは低糖質食事法一辺倒ではなくて、ゲストによって臨機応変にプログラムを変えていくことができるんです。そこが、パーソナルトレーニングの強みです」

シニアにとって、パーソナルトレーニングが有効な点はそれだけではない。シニアにとっては、トレーニング中の安全性の確保がさらに重要になるが、1対1だからこそきめ細かな安全管理ができるのだ。鶴氏はいう。

「じつは危ないトレーニングというのは、ひとりで行うことだと私は考えています」

正しい使い方、正しい姿勢でマシンを使ったり、トレーニングを押し進めたりできなければ、腰を痛めたり、肩をおかしくしたりなんてことになりかねない。

「自己流は非常に危ないんです。また、運動しているときに、もし心筋梗塞や脳卒中が起きたらどうするか」

ライザップでは、全ゲストに対して、トレーニング前に必ず血圧をチェックしてもらうことを義務づけている。その数値を見て、医学的に提示されたガイドラインにしたがって、その日、トレーニングをしていいかどうかを厳格に判断する。

そして、トレーニング中も、パーソナルトレーナーが適切に時間を切り、ゲストに合わせた運動負荷ができるようコントロールする。何かあったときのＡＥＤなど緊急救命装置も全店に配置して、全員が研修を受けている。

「シニア向けのプログラムにおいても、パーソナルトレーニングというのは、大きな意味を持ってくると考えています」

本当の寿命と「健康寿命」との差を縮めたい

ライザップがシニアに注目する理由には、いまや人口でもっとも大きな割合を占めるという、そのマーケットの大きさもある。しかし、それだけではない。医療費の増大という社会問題は、シニアと密接に関係しているからだ。鶴氏はいう。

「医療費の半分以上はシニアの方々なんです。シニアの方々にこそ、健康になってもらわないといけない。病気を防がないといけないし、寝たきりを防がないといけない」

だからこそ、ライザップのプログラムをシニアにもっと活用してもらうことは、ライザップのひとつの課題として、現在、社内では認識されている。

これについては、前出の幕田氏が語っていた。

「シニアの方は、筋力低下が介護に直結しかねないようなところもあるわけですね。日本は世界に冠たる長寿国ですが、それは必ずしも『ひとりで生きていくことができる寿命』とイコールというわけではありません」

「健康寿命」という言葉がある。これは、介護を受けたり寝たきりになったりせずに日常生活を送れる期間のことだ。幕田氏は続ける。

「本当の寿命と、健康寿命とは、10歳くらいのギャップがあるといわれているんです」

日本人の２０１３年の平均寿命は男性が80・21歳、女性が86・61歳。一方、日本人の健康寿命は、厚生労働省の同年の統計によれば、男性が71・19歳、女性が74・21歳。平均寿命との差は男性9・02歳、女性12・4歳となっている。

「介護は受ける側もつらいと思います。誰かのサポートがなければ生きられないという状況はとても悲しい。お金もかかりますし、周囲の家族にも負担がかかってしまう。お互いにマイナスだと思うんです」

だから重要なことは、健康寿命を少しでも延ばすことだ。そこにライザップが貢献できればと考えていると幕田氏はいう。

「シニアの方々が、筋力低下で歩けなくなったという状況をなくしたい。糖尿病で透析がずっと必要になるといった状況もなくしたい。日本の世の中の寿命と健康寿命の差を埋めていきたいんです。

そのために、シニア世代に対して、ライザップにしかできないことがたくさんあると考えています」

日本人の「健康リテラシー」を上げていく

医療費の増大については、多くの疾患につながりかねない肥満を、シニアになる前から防いでいくことも重要だ。

肥満だけど、病気にはなっていないから大丈夫だなどと安心している場合ではない。年を経るごとに、肥満が病気を引き起こすリスクは高まっていくのだ。鶴氏はいう。

「国民全体の健康リテラシーが、日本はまだまだ低いと思っています。肥満に関して、これほど許容している国は少ない。肥満に寛容な国民性だと思います。肥満が疾患につながるという認識がまだまだ弱いんです。

一方、ほかの先進国では、もっともっと肥満についてシビアになっていますからね」

かつての私ではないが、「どうせ人間、死ぬんだから、生きている間はおいしいものを食べて、飲みたいだけ飲んで、大いに楽しんで死ねばいい」と考えている人が、日本にはとても多いのかもしれない。鶴氏は続ける。

「でも、そのままずんなり死ねればいいですが、必ずしもそうはいかないわけです。もし万が一、糖尿病になってしまったら、一生、薬とつきあわないといけません。それこそ、食べたいものも食べられなくなるし、飲みたいものも飲めなくなります。人工透析をしなければいけなくなったりしたら、ひとりあたりいったい年間いくらかかるか。大事な家族がいる人は、よく考えなければいけないと思うんです」

肥満を意識することは、シニアになってからの病気リスクを低減させることであり、ひいては社会問題となっている医療費削減にもつながるのだ。

「一人ひとりが健康になることが、じつは社会貢献なんです。次の世代にも、負の遺産を残さないで済む。ライザップは、社会に貢献していく上で、『国民一人ひとりの健康リテラシーを上げていく』ということも、大きな目的としてやっていかなければいけないと考えています」

さらに、ライザップの食事指導のひとつ、低糖質食事法についても、もっと広めていければとも考えているという。鶴氏はいう。

「ライザップで減量期間中に行うのは、1日50g以下の糖質オフですが、もっとゆるやかなものにしても、糖質オフの考え方がもっと広く知れわたっていけばなと考えています。

日常的にわれわれが摂取している食品は、糖質が多く含まれています。普通に暮らしているだけで、糖質を過剰摂取してしまう時代なんです」

ご飯にも、パンにも、うどんにも、ラーメンにも、スパゲティにも、揚げ物の衣にも、お菓子にも、ビールにもたくさんの糖質が入っている。それこそ、街でランチを食べようとしたら、糖質だらけ。コンビニのお弁当コーナーも、糖質だらけだ。

「食生活において、糖質をすべてカットしようということではないんです。ジュースだって飲んでいいし、ケーキだって食べていいんです。ただ、糖質を過剰摂取している食生活を少しでも見直そうというだけなんです。それをしっかり世の中に伝えていきたいと思っています」

ライザップは「変化し続けること」を目指す会社

開業から4年。医療の世界においても、ライザップのイメージはずいぶん変わってきたと鶴氏はいう。これをもっと変えていきたい。そして世の中全般のライザップのイメージも変えていきたいと語る。

「『ライザップ＝健康』のイメージを、どんどん大きくしていきたいと考えています。ライザップという存在を、より多くの人に知っていただき、ライザップの価値をきちんと伝えていきたい。

やっぱり本物になりたいし、本物にしていかなければいけないと思っています」

鶴氏は、他社から転職してきて強く感じたことがあるという。それはライザップという会社が、現状にまったく満足していないということだ。つねに進化し、変化し続けることを目指している。しかも、スピード感を持って。

「そして社員は自分のやっている仕事に誇りを持っています。自分たちがやっていることが、世の中の役に立っていると感じている。もしかしたら、この会社は日本を変えるようなことをやるかもしれない、と思いました」

２０１６年7月、ライザップは新たな変化のときを迎えた。

親会社の健康コーポレーションが、美容・健康食品の通販事業を、新たに設立する健康コーポレーション株式会社に継承させることで純粋持株会社制に移行し、同時に健康コーポレーションが商号を「RIZAPグループ株式会社」に変更したのだ。その傘下に、健康コーポレーション㈱やライザップがおさまる。

急激にそのブランド名を浸透させている「ライザップ」という名称は、とうとう企業グループを象徴する社名になった。

社名の変更と同時に、「自己投資産業でグローバルNo.1ブランドとなる。」という経営目標を達成するため、グループ理念として「『人は変われる。』を証明する」が策定された。今後は、美容・健康、アパレル、ライフスタイル、エンターテインメントなどのあらゆる分野で、人々の人生を、より「健康」に、より「輝く」ものにしていきたいという。

すでにスタートしている「結果にコミット」する英語事業をはじめ、今後は「家づくり」の領域などにもライザップの同じ考え方を広げていく構想であるという。

ライザップとは、英語の「LIFE UP」「STYLE UP」「RISE UP」を組み合わせた造語。スタイルをよくすることで人生をよりよくしていってほしいという意味だ。

ライザップは今日も、さらなる進化を目指している。

おわりに

～私の人生も変えた、2カ月のライザップ体験

本格的な取材がはじまる前、まずは事前打ち合わせの機会を持ったのだが、この場でライザップのスタッフから、印象的な言葉が語られたのをいまも覚えている。

事前にライザップの資料に目を通して感じていたのは、ライザップに通ってダイエットに成功したゲストの変貌ぶりが、ただ単に痩せただけとは、とても思えなかったことだ。

写真の撮り方が違うなどという表面的な違いとは、私にはとても思えなかった。写真を見ても、映像を見ても、明らかに「何か」が変わっていたのだ。ゲストたちは、まるで何か違うものを得たようにキラキラしていた。

そこで、ライザップのスタッフとの打ち合わせで、こう質問した。

「ライザップで痩せると、どうしてこんなふうに変わるんですか」

それに対して、ライザップのスタッフからすばやくこんな声が飛んできた。

「上阪さん、痩せるんじゃないんです。人生が変わるんです」

この言葉は取材がはじまっても、ライザップ体験がはじまってもずっと引っかかっていた。人生が変わるとは、どういうことなのか。

ライザップ体験を終えたいまは、その意味するところが、おぼろげにわかる。写真や映像に登場するほどではないが、私自身もダイエットに成功することができた。これは、自分なりに大きな自信となったのだ。

私はライザップ体験のために、仕事以外の日常生活を一変することになった。30年以上も食べていなかった朝食を食べることになったし、これまた30年近く続けていた寝る前のビールもやめなければいけなくなった。

農家の息子だけに食事からご飯がなくなるなどということは、生まれてこの方、経験したことがなかった。

もちろん負荷がなかったわけではない。我慢もしなければならなかった。

しかし、それを2カ月間、続けることができたことは、想像をはるかに超える喜びと自信を生んだのだ。しかも、密かにコンプレックスになっていた中年太りなども、解消できてしまったのである。

おまけに、太るメカニズムや痩せるメカニズム、身体に必要な栄養についての知識、何を食べなければいけないか、という大事な知識を得ることができた。これは、一生ものの知識になると思った。

折しも私はライザップに通っている間に50歳という人生の節目の年齢を迎えた。これから、老いがはじまっていく。身体の機能は、若い頃のようにはいかなくなっていく。これからの10年は、その先のためにも極めて重要な10年になると考えていた。そんなタイミングで、素晴らしい知識と習慣を手に入れることができたのである。これほどの幸運があるか、と自分でも改めて思った。ありがたいことに私も、人生を変えてもらったのだ。

ライザップに懐疑的な人もいるかもしれない。しかし、それも人生だと思う。人にはいろいろな考え方があるし、あっていい。それを否定するつもりはまったくない。一方で、「痩せるんじゃない、人生が変わるんだ」ということを信じて飛び込んでいく。これもまた、人生だと思う。それは、人それぞれの選択である。

最後になったが、本書の制作にあたり、お世話になった、あさ出版常務取締役編集部長の田賀井弘毅氏、編集者の前嶋裕紀子氏に感謝申し上げたい。また、企画提案をしてくださった、小野浩二氏、畑下裕貴氏にも改めて御礼申し上げたい。

さらに、長時間の取材に快く応じてくださったRIZAPグループ社長の瀬戸健氏、ライザップ取締役の迎綱治氏はじめライザップ関係者のみなさまに、改めて感謝を申し上げたい。そして何より、担当トレーナーとして60日間にわたってお世話になった神宮前店の伊藤佑氏に御礼を伝えたい。

ライザップを早くから知る方や栄養学、スポーツトレーニングの専門家の方々には、釈迦に説法もたくさんあったかもしれない。ほんのわずかでも、まだ知らなかったライザップをお見せできたなら、幸いである。

また、ライザップとは何なのか、興味を持って読まれた方に、ライザップの姿がお伝えできたなら、うれしい。

2016年7月　上阪　徹

著者紹介

上阪 徹（うえさか・とおる）

1966年、兵庫県生まれ。89年、早稲田大学商学部卒。アパレルメーカーのワールド、リクルート・グループを経て、94年よりフリーランスのライターとして独立。雑誌や書籍などで執筆。
著書に『なぜ気づいたらドトールを選んでしまうのか？』『なぜ今ローソンが「とにかく面白い」のか？』『成城石井はなぜ安くないのに選ばれるのか？』（あさ出版）、『「胸キュン」で100億円』（KADOKAWA）、『弁護士ドットコム　困っている人を救う僕たちの挑戦』（共著／日経BP社）、『やり直し・差し戻しをなくす できる人の準備力』（すばる舎）、『ビジネスマンのための新しい童話の読みかた 人生の壁を破る35話』『成功者3000人の言葉 人生をひらく99の基本』（飛鳥新社）、『職業、ブックライター。毎月1冊10万字書く私の方法』（講談社）、『書いて生きていく　プロ文章論』（ミシマ社）などがある。インタビュー集に累計40万部を突破した『プロ論。』シリーズ、『外資系トップの仕事力』シリーズなど。インタビューで書き上げるブックライター作品も60冊以上を数える。

公式ウェブサイト　http://uesakatoru.com

ライザップはなぜ、結果《けっか》にコミットできるのか　〈検印省略〉

2016年　8　月 25　日　第　1　刷発行

著　者——上阪 徹（うえさか・とおる）
発行者——佐藤 和夫

発行所——株式会社あさ出版

〒171-0022　東京都豊島区南池袋 2-9-9 第一池袋ホワイトビル 6F
電　話　03 (3983) 3225 (販売)
　　　　03 (3983) 3227 (編集)
F A X　03 (3983) 3226
U R L　http://www.asa21.com/
E-mail　info@asa21.com
振　替　00160-1-720619

印刷・製本　（株）光邦

乱丁本・落丁本はお取替え致します。

facebook　http://www.facebook.com/asapublishing
twitter　http://twitter.com/asapublishing

©Tohru Uesaka 2016 Printed in Japan

ISBN978-4-86063-910-5 C2034

★あさ出版の好評既刊★

成城石井はなぜ安くないのに選ばれるのか？

上阪 徹 著　四六判　本体1400円＋税

儲けよう、とは考えない、効率は一切無視する、全店共通のマニュアルは作らない、お店の評価を決める、売上よりも大切なもの

「お客様のため」に、ここまでやるのか……熱狂的なファンを生む「非常識な仕組み」とは？